勉強嫌いでもドハマりする勉強麻薬

學習，即刻上癮！

連不愛讀書的人也欲罷不能，考試、證照成績UP UP

（海外塾講師ヒラ）

海外塾講師Hira——著

陳聖怡——譯

目次 CONTENTS

第一章 熱情：激昂的熱情是一切的原動力

第二章 密切接觸：不念書就會出現戒斷症狀

第五章 戒不掉、逃不了的四大成分使用說明

第六章

一併改造人格的記錄進度學習法

第七章

生成更多腦內啡，六大加重成癮的心理技巧

第八章

學習癮君子的七大怪咖學習法

序　一帖讀了就能「學習成癮」的藥

我就開門見山地說了：這本書很危險。

書裡會接二連三出現你不曾聽說過的事，在閱讀的同時，你大概會不斷吐槽：「這是什麼鬼!?」對於書中內容，與其說是期待，不如說有可能會先感到抗拒。

不過，請各位一定要跟著我一起撩下去，就算只是嘗試一下也好。如果你在閱讀本書時發現有「能做到」的技巧，可以邊記在紙上，並在每天的學習中實踐看看。

閱讀本書→將可以做到的技巧寫在紙上→嘗試挑戰。

只要這麼簡單的行動，就可以把讀書學習變成你不可或缺的習慣。

本書的主旨，就是要讓你「學習成癮」。

雖然這聽起來實在很可疑、感覺事有蹊蹺，但是在你讀完這本書以後，就能進入「學習成癮」的前期了。這本書就是一帖能讓人「學習成癮」的入門藥物，建議各位每讀到一個段落就跟著實踐。

「成癮」和「藥物」之類的說詞，可能讓人看了會有點害怕。但是請各位先別急著闔上書，因爲這本書的內容並不像違禁藥物和危險藥品一樣會有「副作用」，頂多只會讓你變了一個人，讓親朋好友看見你熱中讀書的樣子而忍不住爲你擔心。

話說回來，之所以會翻開這本書，應該是因爲你正面臨證照測驗或其他考試，處於不能放棄、不念書不行的狀態吧？在這種情況下，你心裡眞正想的或許是「好痛苦」「好難受」「好麻煩」……不想繼續念書了吧？這就跟搞錯油門和煞車而撞進超商的汽車駕駛相反，你是在必須將油門踩到底的狀況下忍不住踩了煞車。

不過，可以大幅改變你停滯人生的可能性，就在這本書裡。

爲什麼我會用《學習，即刻上癮！》這個書名來寫書呢？

過去十多年來，我教過約一千名學生，接著又以YouTube爲主力媒體，在社群網站教學三年以上，才終於明白如果要學有所成，只要對學習上癮就好。

很多學生和觀眾都這麼向我表示過：「有心念書但老是提不起勁。」「知道自己不念不行，但就是做不到。」「不喜歡念書。」

「讀書很有趣的，我們一起努力吧！」「念書可以幫助自我成長。」「念書可以改變人生。」……就算我用這些表面的大道理來搪塞學生，他們也不會因此決定開始用功。

「既然如此，直接引導學生對學習上癮不就好了嗎？」

就像手機成癮一樣，只要讓大家對學習上癮，成果自然就會反映出來了。

但是，很多人一聽到「要對學習上癮」應該就會感到抗拒吧？絕大多數人都對「上癮」這兩個字沒有什麼好感。畢竟菸癮、賭癮、酒癮等「○○癮」，都是需要進行治療的症狀。

所以，你應該會覺得：「學習成癮？什麼鬼？很可疑喔！」

這些我都明白。

不過，**我過去已經讓很多學生對學習上癮了**，甚至可以說，**我教過的學生幾乎都有這個「症頭」**。實際上，還有無數學生和家長告訴過我：「老師，你很懂得怎麼讓人對念書上癮欸！」語氣中完全沒有責怪的意思。當然，學習成癮症頭越嚴重的人，在學習方面的成效就越好。

所謂的**「學習成癮」**，**是將學習視爲理所當然，完全不排斥讀書，處於會自主增加讀書時間的狀態**。

到了這個程度，只要深化學習的品質和內容，吸收知識的速度就會加快。此外，如果再運用我的學習思維和方法，來提高學習的分量和品質，你就**能夠獲得上癮前的自己所無法想像的成效**。例如：

● 一次就通過高難度證照測驗、檢定考試。
● 將五個科目的段考總分，從三百多分提升到超過四五〇分。
● 將入學落點分析從中等學校提升到頂尖學校。
● 考到全學年排名第一。

接下來就輪到你了。

本書會逐漸改變你的「常識基準」。請先丟掉目前認定的學習「常識」，如果繼續沿用既有的思維，你的學習之路就不會發生變革。

下定「我絕對要學習上癮」的決心，一起慢慢改變觀念吧！當不再排斥「學習成癮」時，就代表你的生活已經有了大幅改變、得到期望中的結果了。

想必還是有很多人看到這裡後，內心仍有一絲疑慮，或者根本不相信我吧？我不想用「眞心不騙」這種詐騙集團引人上勾時會用的話術，所以，我要大膽地告訴各位：

「你就用甘願被騙的心態來看這本書。」

懷疑、憂慮、不信任、詫異、無法放心……沒有這些心理屏障，就結果來說，比較容易有效率地養成學習成癮的體質。

本書所有內容都是我和我的學生、多達數萬名觀眾親自實踐並得到成效的方法，你大可放心，絕不是用我個人的靈感構思出來的技巧，我可以保證這些內容經得起驗證，而且大多數人都適用，兼具實踐性和通用性。

因為有很多社會人士會收看我的 YouTube 頻道，並找我諮詢和學習相關的問題，希望我可以將學習方法出版成書。

可是前面也提過，我的 YouTube 頻道影片主要是提供給小學到高中的學生觀看，目前也正獨自指導約一百多名國小、國中、高中學生。所以，我舉的實例當中，很多都是關於小學到高中學生的狀況，因此本書的內容也適合每天努力學習的國小、國中、高中學生及家長閱讀。

「改變本書讀者的學習人生」——我依循這項理念，並賭上補習班講師生涯寫成了這本書。希望大家一定要閱讀到最後。

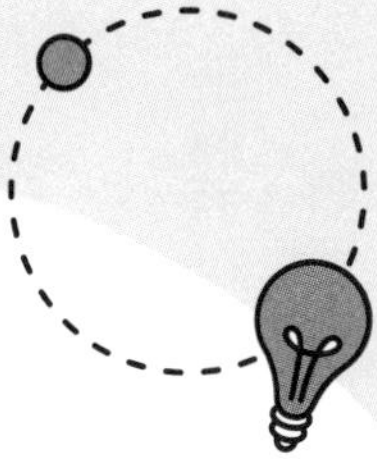

前言

讓你墜入學習深淵，即刻上癮

學習成癮者與未成癮者

知道「學習成癮是處於什麼狀態」之後，肯定會徹底改變你既有的學習觀念。所以請各位在閱讀時，一定要將「自己」代入。

首先我們先來比較「學習成癮者」和「學習未成癮者」的差別。

我整理了兩者各自的特徵（表1），當然，這些特徵正好截然相反。

你覺得自己偏向哪一邊呢？

在「你喜歡還是討厭學習」這一題，如果你「算是喜歡學習」的話，就屬於「偏學習成癮者」；如果你「不算喜歡學習」的話，就屬於「偏學習未成癮者」。

爲什麼要做這個比較？因爲我們要實現「發現↓困惑↓目的↓行動變化」這個過程。

照理來說，各位應該不曾思考過自己是屬於學習成癮者還是非成癮者。你的觀念會從思考自己不曾思考過的事情開始改變。所以大家可以思考一下自己的屬性，從中得到的「發現」將會改變你。

首先是關於發現。藉由思考自己是學習成癮者還是未成癮者，可以發現自己「平常似乎無法熱中於學習。」「學習時好像會感到抗拒。」

接下來，你應該會開始「困惑」。

「那要怎麼做才能熱中於學習呢？」「要怎麼做才不會排斥學習？」

這裡的困惑形式是「怎麼做」。當人發現了什麼或產生疑問時，必定會思考「怎麼做」。例如你在念書時遇到不會的題目，就會思考「要怎麼做才能獲得答案？」然後全力尋找解題方法。任何人都會想要尋求問題的解決策略、方法、手法或技巧。越是追求「怎麼做」，「目的」就會越清楚。

這個題目我不會……（發現）→怎麼解題？（困惑）→為了找到解決方法（目的）而熟讀題目的詳解（行動變化）。

表1 你比較傾向於哪一邊？

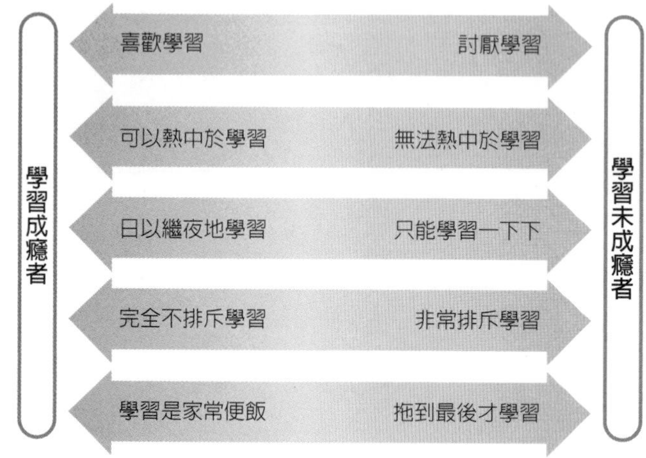

學習成癮者		學習未成癮者
喜歡學習		討厭學習
可以熱中於學習		無法熱中於學習
日以繼夜地學習		只能學習一下下
完全不排斥學習		非常排斥學習
學習是家常便飯		拖到最後才學習

「爲了找到解決方法」就成了「目的」，進而促成「熟讀題目的詳解」這個「行動變化」。

透過本書，我希望可以幫助你逐步實現「發現→困惑→目的→行動變化」這四個步驟。最終目標是第四步的「行動變化」。

在讀完這本書以後，你的行動會改變多少呢？這需要投資珍貴的金錢和時間。我們一起來改變吧！

成績極為優異的人的共同點

在比較「學習成癮者」和「未成癮者」後，接著我們要站在「偏學習成癮者」的立場，思考一下「學習成癮」。

你在閱讀這本書的時候，可能會想「我是偏學習未成癮者」。你當然會覺得「那要怎麼做才能成爲學習成癮者？」——產生了「怎麼做」的困惑。

爲了解決「怎麼做」，需要先了解終點，也就是「學習成癮者是什麼樣的人」。若是沒有明確的終點，就無法說明做爲過程的「怎麼做」了，就像沒有決定好目的地，就無法決定行程；沒有決定好把「東京」當作目的地，就無法決定「去東京的方法」，因爲終點是「東京」，才能決定「去東京的方法」。

同理，我們要先決定好「終點」，這樣才能決定「過程」。

而這裡的終點在於「學習成癮者是什麼樣的人？」答案很顯然就是「成績極爲優異的人」。一想到「成績極爲優異的人」，或許會讓人馬上聯想到天才，遇到再難的問題都可以一派輕鬆地作答，可以輕易熟背困難的詞語和單字。

不過，根據我在補習班上課十多年的經驗，幾乎沒有遇過這種學生。

我透過社群網路接觸過數萬名學生，其中的確有幾位讓我覺得「這個人眞的是天才」。他們就像漫畫裡的資優生，「段考五科滿分」「所有測驗都拿到全學年第一名」「落點分析在最高學府」，讓人驚訝得下巴都要掉下來。基於職業病，我詢問他們是怎麼念書的，他們的回答都與天才的形象相去甚遠。

「我一本習題會重複寫十次。」

「我都朗讀一百次以上。」

「我每天念書超過十二小時。」

「我會提早兩個月開始準備段考。」

學習量簡直超乎想像。

在我聽到好幾百個類似的經驗談以後，得出了一個結論：「成績極爲優異的人，學習心力都多得異於常人」。

學習並沒有什麼複雜的技巧，本質一直都非常簡單：如果想取得優異的成績，只要投入異常多的心力學習就好。

各位或許會覺得「這是什麼廢話」，但這就是眞相。

你可以為學習努力到什麼程度？

爲什麼「成績極爲優異的人」可以做到「學習心力多得異於常人」呢？

因爲他們都對學習上癮了。

各位要仔細聽清楚了。

如果你是眞心想翻轉自己往後的學習成果，就必須要做到能自信地稱自己「比任何人都用功」。你要把學習的基準從「以自己的方式用功」，變成「比任何人都用功」。

我在〈序〉提過，要透過本書逐漸改變你的「常識基準」，若是繼續維持現狀，就不可能有更大的斬獲。如果沒有眞心想著「必須比任何人都用功」，就得不到優異的成績，也不會對學習上癮。

我們在某件事情上得到成果，意味著累積了很多爲了獲得成果所需要的行動。因此，前提是要先有「心理準備」，也就是「爲此努力」的觀念。

你可以爲學習努力到什麼程度呢？做好心理準備的人都很強，他們每天都要面對自己的極限、不斷戰勝自己。因爲做好了心理準備，才有辦法累積這些努力〈關於「心理準備」，會在〈第一章〉進行深入探討〉。

我知道自己從〈序〉開始，就一直在講些熱血的話題，但如果不在開頭先跟你分享這些基本的觀念，不管我談再多技巧或方法，也不會有任何效果。你看完就只會覺得「喔～是這樣啊」，然後闔上書本，依然故我。

這樣並不能改變自己。

我耗費生命寫了這本書，你也是耗費生命在讀這本書。「寫書、讀書」就是「耗費彼此生命的行爲」。既然如此，就非得從裡面發掘出價值、非得改變觀念和改變行動才行，千萬不能浪費生命。

「我要比任何人都用功。」你必須這麼想，才有可能達成目標。

我會在〈第二章〉以後談論具體的學習方法，到目前爲止，我只希望你能夠了解「學習的基本心態，就是鞏固『要比任何人都用功』」的觀念。

只憑心態無法致勝

「念書是件稀鬆平常的事。」應該有很多人以爲一旦擁有這種心態就代表「學習成癮」。雖然我確實說過需要保有這種心態才能獲得成果，但這只不過是爲了達到學習成癮的準備階段罷了。

我相信一定會有人想：「光是認爲念書很稀鬆平常，就已經很厲害了吧！」但是請你仔細想想，要是「每天都很正常地用功念書，但並不講究要怎麼念書、沒有特別的目標，也沒有得到什麼成果」，那根本沒有意義。

「念書是很稀鬆平常的事」這話聽起來好像很厲害，但很多人只是用自己的方法埋頭猛衝，導致學習毫無成效。講白一點，就是「一直進行毫無成效的學習」。如果得不到成效，就無法大幅改變你的學習人生。

學有所成需要採取的行動，大致分爲下列兩個。

①進入「不學會死」的境界。

②爲了結果而學習。

接著就來一一解說。

學有所成的必備條件①：進入「不學會死」的境界

進入「不學會死」的境界，就是想著「怎麼可以不念書！要念書才行！」把自己逼到如臨大敵的狀態。

那需要什麼東西才能催生出這種危機意識呢？就是明確的目標。

例如遇到「一個星期後要考一百題英文單字測驗，拿滿分才能升級」的狀況，就會拚盡全力背單字對吧？因爲有「一個星期內要背完一百個英文單字」的目標。**專注力和熟記的程度，會因爲有沒有能激發危機意識的目標而截然不同。**

請你想像一下「拚命背一百個英文單字」的狀況。你會一直死背英文單字，在考前不斷重複朗讀、抄寫、翻看單字卡……這就是「學習成癮狀態」，是有了「在一星期內背完一百個英文單字」這項明確的目標，才能做到的真正學習。

學有所成的必備條件②：為了結果而學習

學有所成的第二個行動，是「爲了結果而學習」。

你要把「念書是很稀鬆平常的事」換成「念書就有好成績是很稀鬆平常的

事」。把常識基準從「念書」換成「有好成績」。這樣才能建立起「破天荒的觀念」——「念書就有好成績是件稀鬆平常的事，所以當然要念書」。

全國各地的學校都有很多「超強校隊」，像是棒球強隊、足球強隊、網球強隊、管樂強隊……你覺得這些強隊隊員的目標是什麼呢？

就是「勝利」。

他們是爲了贏得比賽才每天練習。「勝利」就是「結果」。爲了得到這項結果，他們才會夜以繼日地拚命練習，沒有哪位隊員是爲了失敗而練習的。當然，他們也都有這樣的心態：「練習後贏得比賽是正常的，所以當然要練習」。

換言之，既然得到的結果是正常的，那麼爲了結果而練習就是正常的。他們都很清楚不練習絕對不可能有結果。

學習也是一樣。念書是很正常的事，因此是否能得到好成績非常重要。

這個時候，就不要再說「我已經很拚命了」「我很用功了」「我努力過了」之類的漂亮話來安慰自己。不管你過去有多用功，沒有好成績就沒有意義。

你覺得那些強隊的隊員會說：「我已經很拚了，結果怎樣都無所謂」嗎？不可能吧？因爲他們是爲了勝利、爲了得到名次才練習的。他們都很清楚得不到成果的練習毫無意義。就像強隊的隊員追求成果，覺得爲了成果練習很正常一樣，你也要追求成績，覺得爲了成績而念書很正常。

今後，你要意識著「進入『不學會死』的境界」「爲了結果而學習」這兩點來努力。你爲了成績才念書，所以念書對你來說不可或缺。這就是「學習成癮的人」。

那該怎麼做才能達到這樣的狀態呢？

在下一節，我會談談從〈第一章〉開始才會詳細解說的「四大成分」。

「學習成癮麻藥」的四大成分

終於要正式來談「學習成癮的方法」了。我就不賣關子了，直接說結論。

要對學習上癮，一定要具備下列學習麻藥的「四大成分」。

①熱情
②密切接觸
③達成
④環境

以上成分缺一不可，否則很難對學習上癮，當然也很難學有所成。或許會有人覺得這四大成分根本互不相干，但事實上它們之間都有密切的關係。

假設有位「想當職棒選手的男孩」。這名男孩爲了當上職棒選手，每天都在練習打棒球，從不答應跟朋友出去玩，在接受一流教練指導技術和體能下，一心只爲了當上職棒選手而衝刺、揮棒、投球。

棒球在他的人生中不可或缺。這難道是件壞事嗎？當然不是。他爲了成爲職棒選手而對棒球上癮，自然不會給人帶來壞印象。而這個「棒球男孩的例子」，正可以解釋導致成癮的四大成分（圖1）。

①**熱情**：棒球男孩「想成爲職棒選手」的熱切念頭。

②**密切接觸**：每天都帶著球棒和手套。

③**達成**：透過練習，覺得球技越來越進步。

④**環境**：完整建立自己的練習場所。

圖1 「學習成癮麻藥」的四大成分

這個男孩滿足了這四大成分，才會對棒球上癮。如果他缺少其中任何一項，要上癮就會變得非常困難。

男孩如果沒有「熱情」，打從一開始就不會練習；如果他沒有球棒和手套，或沒有「密切接觸」，每天都帶著球棒和手套，就無法練習；如果他沒有透過練習來精進球技，沒有「達成」任何事，幹勁就會不斷下降，這也等於「熱情」逐漸變少；如果他沒有練習場所、教練等「環境」因素，就無法練習棒球。

由此可見，**熱情、密切接觸、達成、環境這四者是成癮必備的條件**。不是只需其中一項就好，是全部都要，需要四合一。所以，這些全部都是環環相扣的。

以上就是導致「學習成癮」的學習麻藥四大成分。

在〈第一章〉到〈第四章〉，我會分別詳細解釋這四大成分。只要把這些成分融入你每天的學習之中，肯定會改變今後的學習方式，證照考試的成績、落點分析、模擬考的分數都會提升，能夠改變學習的成果。

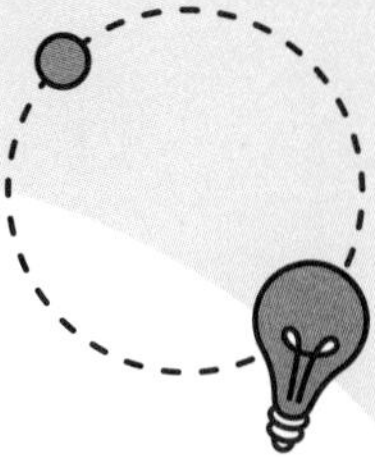

第一章

熱情：
激昂的熱情是一切的原動力

熱情的出發點在於「描繪理想」

「學習成癮麻藥」四大成分的第一個是「熱情」，是其中最重要的元素，因為沒有熱情的話，根本就不會學習。

關於這道問題，我已經聽了上千次：「提不起勁念書的話該怎麼辦？」你覺得對學習上癮的人會這樣問嗎？一定不會吧？而且在「提不起勁」的狀態下當然無法對學習上癮。

另外，常常有家長問我：「我家小孩根本不念書，怎麼辦？」

看來這位「我家小孩」也沒有對學習上癮。**提不起勁去做、不盡本分的根本原因，就是「沒有熱情」**。這種人內心少了熊熊燃燒的熱情。

請試著舉出一件會讓你燃起熱情的事。當然，你對這件事擁有熱切的感情，理應可以長時間沉浸其中，因為你對它有熱情，熱情會讓人自主行動。

那要怎麼做才能產生熱情？

首先請你思考一下自己的理想和現實。所謂理想，就是「想要成爲○○」的目標；所謂現實，則是「目前的狀況」。前面說到「提不起勁」的人，原因就出在根本沒有想像過自己的理想形象，或是無法實際感受到自己如何達成理想。只要進入學習成癮狀態，你能吸收到的知識就遠比自己原先想像的還更多。所以，在你建構理想時，請先解除極限。

爲了孕育出熱情，首先需要一個「想要成爲○○」的理想。請先放下本書，思考自己的理想。你想透過學習變成什麼樣子呢？

我相信你是基於各種想法且肯定有想達成的事情，才會閱讀這本書。請你在這個瞬間把它找出來，也就是喚醒沉睡在內心深處的理想。

「我想要在短期內培養一次就考取證照、通過檢定的實力。」

「我想精通學習法，提高準備證照考試的效率。」

「我想讓身邊那些唱衰我的人刮目相看。」

「我想考上第一志願。」

你可能不曾花時間思考「理想中的自己」，但問題是，思考自己理想中的模樣比任何事情都重要。因爲那就是你熱情的起點。

人是朝著理想行動的生物，畢竟沒有理想、目標的話，行動就沒有意義。若你每天只是得過且過，就不會特地思考「理想」或「自己到底想成爲什麼樣的人」了。

在這種情況下，不可能會產生「熱情」。有熱情的人經常在思考理想，不斷思考自己究竟想怎樣；不斷歸納、思索理想的模樣和情景。

千萬不要放棄思考理想。不管是什麼理想都可以。

「我想學有所成，然後受人歡迎。」

「我想利用工作之餘念書，一次通過考試。」

「我想考到超高的分數，向大家炫耀。」

理想只屬於自己，任何足以燃起熱情的東西都可以。請準備一件當你在思考理想時，會讓你想發憤去做的事情。只要一件事就好。爲了一個理想而用功學習，如此一來，你的熱情就會被點燃。

我每次一定都會問初次見面的學生：「你以後想要變成什麼樣子？」

我會請他們思考自己的理想，催生出他們的熱情。倘若只有我用熱臉去貼學生的冷屁股，那就不可能會有好結果吧？熱情要發自內心，所以才需要不斷思考自己的理想。

樂觀看待「理想」與「現實」的差距

當你在思考「理想」時，肯定會出現另一個東西。

就是「現實」。

理想與現實這兩個詞是一體兩面。當你高舉理想時，腳下正踩著現實。

這就像是「登山」。山一定有「山腳」和「山頂」。從山腳開始往上爬、以山頂爲目標，這才叫登山。你以山頂爲目標時，代表你還沒抵達山頂，在往下看時會看見山腳。山腳是「現實」，山頂是「理想」。

接下來你要朝山頂這個理想邁進，一步一步往上爬。這時「現實」會經常出現在你的腳下，而此刻的心態相當重要。假如理想是「一百」的話，現實就是「二〇」（可以想成你要爬標高一千公尺的高山時，現正處於兩百公尺高的位置）。這之間的差距有「八〇」。此時你想的是「哇，還有八〇……好累啊！」還是「只剩八〇了啊，那就一步一腳印，先把差距縮短到七〇吧！」**如何看待理想和現實的「差距」，決定了「你未來的走向」。**

若是負面解讀差距，或是悲觀看待現實而放棄填補差距的話，就無法靠近理想。反之，若是樂觀看待差距、爲了填補差距而設法在現實中多前進一步的話，就能更接近理想。

心理勵志類型的文章經常舉半杯水當例子，認爲「只剩半杯水」的人和認爲「還有半杯水」的人，兩者的行動模式大不相同。可能會有人覺得我的說法只是換湯不換藥，而開始質疑我吧？如果你是這樣想的，就證明你的熱情還處於冷卻的狀態。有熱情的人就算覺得有點可疑，也會爲了更接近自己的理想而甘願上當。請你一定要更深入思考自己的理想、燃起熱情。

不過這樣說可能會引起誤會，所以還是補充一下，學習並不是只有「積極進取」和「直接放棄」這兩個選擇。既然肯做就一定會有成果，當然就只能做了。知道但是做不到的人，說到底還是因爲沒有足夠的熱情，所以……我就不再贅述了。

那麼，要怎麼做才能在現實裡向前邁進呢？還有該如何思考才能逐漸塡補理想與現實的差距？其中的關鍵就在於「不停地自問自答」。

透過自問自答，延續熱情的火焰

人每天都會有意識或無意識地對自己說幾萬次話。

仔細想想的確如此，要「腦袋空白地度過一整天」反而還比較難。人類無論如何都會思考。你現在不也是這樣嗎？在閱讀這本書的同時，在腦海裡也對自己說了很多話。

有人會思考與這本書相關的事，像是「我的理想是什麼？」「該怎麼做才能對學習上癮？」也有人會思考跟這本書無關的事，像是「晚一點要做什麼？」「肚子有點餓了欸……」「啊，還有事情沒做！」等等。

人就是少不了自問自答，每天都會在腦海裡思考各種事情。我們就來利用這項人類特有的機能吧！

「自問自答」的意思就是「詢問自己，自己回答」。

那要問「什麼」呢？問自己的理想和現實。問法如下：

我想透過學習成為什麼樣子？→我想透過學習成為〇〇（理想）。

那我現在是什麼樣子？→現在的我是△△（現實）。

自問自答有助於每天確認自己的理想和現實。即使曾經有過理想，若是沒有每天刻意確認，就會在不知不覺中遺忘。要是忘了理想，熱情就會冷卻。

「我看了一部非常勵志的影片，可是隔天情緒卻低落到不行。」應該不少人都有過這種經驗吧？熱情必須持續燃燒，而方法就是「自問自答」。例如我有學生會在紙上大大地寫出志願學校的名稱，並貼在書桌前方，每天就看著它念書。這種維持熱情的工夫非常重要，只要看見自己的理想，就會開始思考現實、確認「目前的狀況」。

「我的理想是什麼？那現在的我做得怎麼樣？」

他每一天都會有意識地詢問自己這個問題。透過不停地自問自答，逐漸在朦朧中，摸索出填補理想與現實差距的方法。

當你還能回答出「我的理想是〇〇」「現實是△△」的時候，代表「差距」依然存在。

「要怎麼做才能填補差距？」答案就是透過自問自答，找出能夠自然填補差距的方法。

發現了嗎？當你讀到這裡時，已經在進行「以學習爲前提」的思考了。你能夠思索自己的理想與現實，所以可以爲了塡補兩者的差距而學習、思考如何才能學有所成。

因此，你每天都要自問自答。腦子裡平常會有的想法，足以大幅改變今後的行動。

抱持用學習改變人生的覺悟

自問自答的過程中，需要有項條件，那就是「心理準備」。

在進行某些挑戰時，很多人都愛說「要做好心理準備」，但好像有點不太清楚該怎麼做心理準備，對吧？所以，當你立志要「達成理想」「創造成果」時，一定要做好兩項心理準備。我直接用簡短的一句話來解釋吧！

一個是做好「有捨才有得」的心理準備。

這個想要、那個也想要，未免也太任性，況且魚與熊掌不可兼得，貪多嚼不爛。做好這項心理準備的人，就有「割捨的能力」，能夠放下與學習無關的事、全心全意專注於學習，我過去就曾經遇到好幾位能像這樣有所割捨的人。

- 爲了竭盡全力用功而把手機交給父母保管，遠離網路的學生。
- 刪掉手機裡所有跟念書無關的應用程式，大幅增加學習時間的學生。
- 在紙上列出與念書無關的雜務，徹底屏棄這些事，把空出的時間全部拿去念書的社會人士。

另一個是「無論如何都要克服障礙」的心理準備。

我們不需要對可以輕鬆克服的障礙做心理準備吧？也就是說，需要你提前做心理準備的對象，全部都是你的「障礙」。

換句話說，在遇到可以輕鬆解決的問題時，沒有人的心裡會想「我必須做好心理準備、全力解題」。做心理準備的瞬間只會出現在這件事或問題對自己來說很困難的時候。這時你的大腦會處於這些狀態：

「我要努力才行。」

「我要專心才行。」

「我要卯足全力才行。」

爲什麼會處於這樣的狀態呢？

因爲你有「理想」。在你提出理想的那一刻，「障礙」就會出現在你眼前。

假設在你達成理想以前有五道障礙，你需要跨越一道、兩道、三道、四道、五道，才能抵達理想。

「你有克服所有障礙的心理準備嗎？」

「心理準備」問的就是這個。你眼前的障礙是什麼呢？

- 背誦
- 準備考試
- 寫習題
- 考前密集讀書
- 功課和課題
- 兼顧工作

你的理想越高，需要爬的山越高，抵達山頂前就必須克服越多障礙。就一道、一道地往前跨越吧！人的潛力是無限的，一旦克服了一道障礙，就能發揮出更多力量來克服下一道障礙，因爲你已經建立起跨過一道障礙的自信了。有了自信之後，邁向下一道障礙的腳步就會變輕盈，對障礙也漸漸不再抗拒。即使遭遇了一些挫折，也能立刻振作起來，繼續朝山頂前進，因爲你想跨越下一道障礙，還有……想達成理想。

這一切的原動力就是「熱情」。有熱情才想追求「理想」、努力跨越障礙。是熱情驅使你行動。

不過，偶爾停下腳步也很重要。在熱情一直燃燒腦袋的狀態下，難免會覺得疲累吧？但遲早還是要重新振作起來，往前邁進，這時就要讓熱情重新復活。

請問問自己：「我有用學習改變人生的覺悟嗎？」

你要立即回答「是」，沒有選擇「否」的餘地。毫不遲疑地給出肯定的答案，振奮起來並採取行動。如果你的理想是眞的，就能做到。

熱情並非來自他人，它需要發自內心。你要不斷地面對自我，熱情就是幫助你實現理想自我的最佳搭檔。

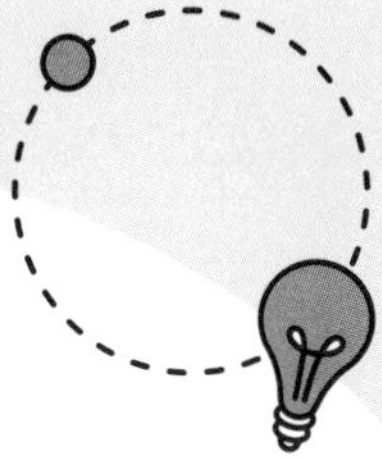

第二章

密切接觸：不念書就會出現戒斷症狀

學習的量、質都重要，但要從「量」開始

從這章開始我們要進入學習的內容，一口氣逼近「學習成癮」，請用「一定會實踐」的前提繼續讀下去。你也可以邊讀邊實踐，畢竟沒有比在閱讀的同時身體力行、輸出應用還要更有效的閱讀方法了。

「學習成癮痲藥」的第二成分是「密切接觸」。

我要先聲明，一旦養成密切接觸的習慣，後果將「不堪設想」，因爲你的學習時間將會暴增。爲什麼養成「密切接觸」的習慣會讓學習時間暴增呢？

因爲你會變成幾乎一整天都在學習。我舉個極端的例子，你會像是在「呼吸」一樣地學習。你現在活著是因爲有呼吸，也就是說，呼吸與你如影隨行，一天二十四小時都在持續進行。

當你總是和學習處於密切接觸狀態時，學習時間會變得非常長，對吧？所以密切接觸會讓你的學習時間暴增。

如果你想「學有所成」，絕對需要拉長學習時間。我指導過的學生裡，念書時間少的考生與念書時間久的考生，進步速度截然不同。

雖然會有個體差異，不過大致上會有固定的學習時間基準，至少要達到這樣的時數才會進步。我要求考生們的基本念書時間至少要維持在每星期五十小時左右，如果少於這個時數，就不可能提升到足以達標的水準，甚至有些考生每星期的念書時間會拉長到六、七十個小時。

我想說的就是「保證能進步的學習時數標準」。每當我這麼說時，都會有人反駁我：「學習重要的不是時間長短，而是品質。」

但這項觀念不夠正確。因爲「學習是從量變到質變」，先追求「量」，才會有「質」。累積了大量學習經驗後，就能修正做法，建立更有效率的方法。再怎麼優秀的人，都要先確保「量」，無法剛起步就提升品質。

第一步：累積學習量。

第二步：修正和改善目前的做法。

第三步：提高品質。

經過這三個步驟來滿足學習的量與質，就能夠「進步」。所以並不是哪一個重要的問題，而是兩個都很重要，但需要先著手的是「量」。

因此，爲了在學習中進步，以及對學習上癮，首先要做的就是增加「學習量」和「學習時間」。

「密切接觸」學習的四步驟

應該會有人想問，那要怎麼具體增加學習時間呢？

答案是：請密切接觸你的學習用品。下列這些東西就是學習用品，是每天學習不可或缺的教材。

- 英文單字本
- 課本
- 筆記本
- 習題本
- 參考書
- 文具

你要隨身攜帶這些，像是「貼」在身上一樣，跟著你一起行動。

接下來我要用四個步驟解說密切接觸的方法。每一個步驟都很重要，請你從第一步開始依序實踐。

「密切接觸」四步驟：

第一步：收集。
第二步：精簡。
第三步：常備。
第四步：時間加倍。

我都會請學生按照這四個步驟來對學習上癮，爆發式增加他們的學習時間。

第一步：「收集」接觸的物品

先從「收集」學習用品開始。

你應該有很多本習題本和參考書吧？而這裡的重點在於「接觸」。請你思考一下怎麼回答這道問題：人爲什麼會成癮呢？

這道問題非常抽象，要思考成癮的原因才能了解成癮的機制，進而對自己選定的對象上癮。這當中的一種答案，就是「經常接觸」。

人爲什麼會手機成癮？因爲經常接觸手機。

人爲什麼會電玩成癮？因爲經常接觸電玩。

人爲什麼會漫畫成癮？因爲經常接觸漫畫。

就只是這樣而已。

除了物理上的「物品」，「人」也適用於這個原因。以「戀愛」打比方，你「一直想著那個人」，代表你的心受到「那個人」制約，因爲你心理上、物理上都在接觸「那個人」，所以才會對他上癮，既然如此，只要準備好成癮的對象物品，刻意且經常接觸它就好了。

請想一想平常會接觸哪些學習用品，並將它們全部收集起來、擺在書桌上，讓自己可以看見，然後想著：「從現在開始，我要跟它們密切接觸。」

第二步：「精簡」到極限

收集好學習用品後，接著要精簡它們，畢竟你不可能把它們全部都帶在身上。假設你有十冊習題本，根本不可能一直隨身攜帶，所以要設法將物品精簡到極限。

前面你已經把每天會接觸的學習用品擺在桌上了，現在就請根據「高報酬率」和「急迫性」這兩個關鍵字來決定優先順序，把最重要的東西放在「第一順位」。

例如「背英文單字」會有高報酬率，只要熟記大量英文單字，看得懂的英文敘述、能作答的題目就會大幅增加。

急迫性是指「考試將近，至少要把這個單元的這類題目都弄懂」的情況，優先順序當然要提高。

最重要的是「有高報酬率又有急迫性的東西」，同時符合這兩項條件的學習用品，就要排在前面優先學習。

如果學習用品有五個，就排出第一到第五名。要是很難決定排名，就以「接觸時間」做爲判斷依據。接觸時間越長就越優先，排出順序即可。排好順序以後，只保留排序第一的學習用品，其他物品都放到其他地方。這就是「精簡到極限」。

學習就是「收集→精簡」，因爲我們很難一次顧及全部，按部就班才是學習的基本。例如，學英文就需要學單字、片語、文法、句型解析、長篇閱讀、作文、聽力、口說等等，要學的實在很多，沒辦法一口氣學完吧？先學單字，接著再學文法，然後才是句型解析。如果有餘力的話，可以同時學單字和文法，否則就「先背單字」。

先學好一個，再接下一個，就會在不知不覺中學會很多了。

不懂得按照優先順序來學習的人，對學習都只能一知半解。倘若身分又是考生，就會在準備不充分的狀態下，上場應考了吧？

考試都會有時間限制。在時間限制內不要花時間做不會的題目，而是專注在眞正該做的部分，並盡量考取及格分數，這才是「考試」。

我已經看過太多考生這邊學一點，那邊也學一點，結果每個部分都學得差強人意，導致成績和落點始終沒有提升。因爲他們做不到「收集→精簡」。

爲了避免重蹈覆轍，你一定要徹底做好精簡的工作。只要精簡後的東西夠完美，你就會領悟到「完美學習的方法」，接下來只要將這種方法橫向應用在其他學習上就好。當學習效率往上暴衝，你也會因爲完成了一項任務而產生自信，精神負擔減輕，也就可以順暢地繼續前進了。

「最重要的是什麼？」你一定要建立這項思維，「收集→精簡」也是爲了練習思考這件事，找出一樣精簡後的學習用品，並放在你面前，這樣就準備完成，可以正式開始學習了。

第三步：「常備」學習用品

「手機」是很經典的成癮物，如果沒有隨身攜帶，很多人就會因此覺得渾身不舒服。現在，像是隨身攜帶手機一樣，你需要隨身帶著剛才選出的學習用品。

如果用品是口袋大小，那就放進褲子的口袋裡，藉由口袋裡的異物感意識到這件學習用品的存在。若上衣或外套有口袋，那就把學習用品和手機或錢包放在一起，如此一來，便能隨時意識到它的存在。假如是參考書這類放不進口袋裡的東西，也不要放進包包裡，而是要刻意拿在手上，這樣就絕對不會忘記它的存在，密切接觸度會高到爆。如果還是想放進包包裡的話，那就收在手一伸進去就會觸碰到的位置。

像手機或錢包一樣，沒有它就會覺得奇怪，不小心遺失時會驚慌失措，讓這件學習用品貼身到你會對它產生感情的程度吧！

請你回想一下：平常會隨身攜帶什麼東西呢？觸碰時間最長的東西是什麼？這件「長時間接觸的東西」就是你的成癮對象，你一定會覺得不能沒有它，那就在這樣東西的位置上再加上學習用品，或是用學習用品取代它。比方說，你會隨身攜帶「日誌」，那就連著日誌一起攜帶「英文單字本」。如果你希望戒掉「手機」這件成癮物，就別再把手機帶在身上，或是關掉手機電源，把原本的位置留給「重點筆記本」。

既然可以用這些方式隨身帶著學習用品的話，不論是連同其他成癮物一起攜帶，還是直接把成癮物換成學習用品都可以。這兩項做法都有一項共通重點。不論有沒有做這些方法，少了這項重點就不算達到眞正的「密切接觸」。

這項重點就是**「運用五感來密切接觸」**。這裡的主題是「常備學習用品」，而「常備」的目標就是「運用五感」。

假如「隨身攜帶英文單字本，卻根本不翻開來看」，那就沒有意義了吧？眞正的密切接觸，必須用到五感。

- 看（視覺）
- 說（味覺）
- 聞（嗅覺）
- 聽（聽覺）
- 摸（觸覺）

不過單純的學習大多不會用到「嗅覺」，嚴格來說，會使用嗅覺以外的「四感」。「味覺」是指「品嘗滋味」，而學習也不需要品嘗滋味，所以我在這裡將它解釋成「說話」。

前面談過的「密切接觸」，已經包含了接觸的「觸覺」。關鍵就是剩下的「視覺」「聽覺」「味覺」可以運用到什麼程度。如果要讓學習用品與自己密切接觸，就一定要運用這三感中的其中一個或更多。舉例來說：

- 看英文單字本（視覺）、念出來幫助記憶（味覺）。
- 聆聽自己用錄音程式錄下的背誦項目（聽覺）。
- 在上學途中多次瀏覽筆記（視覺）、做測驗。

你必須特意去看、聽、念想要密切接觸的物品，因此，你需要先決定好「在什麼時候使用」，沿用前面的例子來看的話：

日誌＋英文單字本↓確認日誌裡的待辦事項後，看英文單字本。
將手機換成重點筆記本↓把原本滑手機的時間用來讀重點筆記。

爲隨身攜帶的學習用品決定好使用時間，是非常重要的一件事，否則就會變成「根本用不到」了。

總而言之，只要「好好運用五感（四感）」來使用貼身的學習用品，並「決定好使用的時間」，就能成功「密切接觸」了。

不過事情還沒結束，最後一步可以讓密切接觸程度更上一層樓。

第四步：將接觸物品的「時間加倍」

整理一下我們目前已經達成的階段。

- 收集平常接觸的學習用品。
- 精簡到極限，常備精簡後的學習用品。

● 決定使用的時間，憑五感使來用這個物品。

「難道這樣還不夠嗎！」

對於不曾達到這一步的人來說，能做到這樣確實已經足夠了。但是，我們的目標是「成癮」，只是稍微密切使用物品的程度，還不能算是成癮狀態。我們還需要滿足一項條件。

那就是「增加接觸的時間」。人會對手機或電玩成癮，就是因爲接觸時間很長，投入大量時間才會深陷其中、逐漸上癮。所以，只要依樣畫葫蘆就好——你要一直把東西帶在身上、不斷接觸它，就這樣。具體來說，接觸的時間要加倍。

如果以前看英文單字本的時間是半小時，那就延長到一小時；如果以前只花一小時做習題，就延長至兩小時。只要將接觸的時間翻倍，理論上你就會以加倍的速度上癮。

這時的重點在於「時間要夠清楚」。如果沒有掌握好「接觸隨身物品的時間長短」，就沒辦法設定出加倍的時間了。你要先量化自己的現狀，習慣去測量接觸這些學習用品的時間。

在你拿出學習用品的那一瞬間開始計時，在收起來時停止計時。這段時間就是「你的現狀」，把你的現狀「加倍」，這樣就成功讓「接觸時間加倍」了。

應該會有很多人覺得「加倍未免也太辛苦」。這時你要做的就是累計時間，所以要「善用空檔」。

不過，在善用空檔學習以前，需要先確定「哪些時間是空檔」才行，這也是「你的現狀」。空檔可能會是下列這些時間：

- 搭大眾交通工具的車程三十分鐘。
- 等晚餐開飯前的十五分鐘。
- 等車到站前的十分鐘。
- 等浴缸放好水以前的二十分鐘。

● 午休的二十分鐘。
● 睡前十五分鐘。

只要將這些空檔收集、累計起來，即可當作加倍接觸學習用品的時間。

當然空檔還是有限度的，有時候偏偏就是「沒有可以用來加倍的空檔」。那就沒辦法了，只能盡可能地增加更多接觸學習用品的時間。在收集到的空檔裡貼近學習用品、加倍接觸的時間。接觸得越久，就會越依賴學習。

順道一提，在你對隨身用品已經熟到跟背九九乘法表一樣完美的程度以後，就可以放下它了。等你達到看一眼就能立即回答的狀態，就可以更換新的密切接觸用品。

如果你在使用密切接觸用品的途中，「想加入其他教材一起使用」時，千萬要三思而後行。你眞的能兼顧這項新教材嗎？兩者都能學到完美嗎？若答案是可以，就隨身帶著它；若答案是否，就放棄它吧。

你要用這樣的基準來評估，因爲追加與否的判斷標準必須要嚴格執行，這一點很重要，否則你兩邊都無法學得透澈，很有可能落得兩頭空。

密切接觸的學習用品會改變人生，因爲考試就是改變人生的測驗。無論何時何地都一樣，只要建立起這是「改變我人生的工具」的觀念，就會更愛惜它、願意不斷接觸它。

這一章談了學習時間，以及與學習用品密切接觸的技巧。在第四章，我將會談到與環境（場所、人際、詞語）密切接觸的技巧。

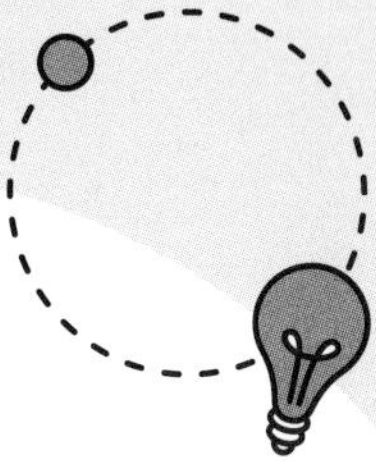

第三章

達成：用噴發的腦內啡讓自己上癮

上癮的起點是「沉迷」

每次上課時，我一定會設法讓學生有所收穫。

「我原本很討厭數學，多虧老師讓我喜歡上數學了。」

「我本來對念書很沒信心，不過現在我變得有自信了。」

「我覺得念書變得有趣了。」

「我已經迷上念書，完全對念書上癮了。」

我得到很多學生回饋給我的意見。由於這個方法的效果超強，所以從現在開始一定要有意識地去實踐。

是什麼方法呢？那就是「培養自己的親身經歷（達成經驗）」。

我可以拍胸脯向你保證，只要累積親身經歷，就一定會對學習上癮。因爲這會「直擊人類的本能」。「自己的親身經歷」換言之就是「滿足需求的經驗」，而無限度接近這個狀態的就是「沉迷」。

請想一想你目前正在沉迷什麼，例如手機、電玩遊戲、漫畫、YouTube、運動、柏青哥（小鋼珠）或柏青嫂（角子機）、音樂、藝人等等。

如果現在沒有沉迷任何東西，那就回想一下自己「以前曾經沉迷過什麼」，這樣就會知道該如何讓自己進入成癮狀態了，因爲「沉迷」就相當於「幾乎上癮的狀態」。

假如你「沉迷於電玩遊戲」，腦子裡就會充滿電玩，想玩想得不得了。這就是幾乎上癮的狀態。至於爲什麼要說「幾乎」？因爲「沉迷」是一時的，最後可能會感到「厭煩」，也就是說，可能會變成「沉迷→厭煩→沒有上癮」。是否會繼續沉迷下去，就是成癮與否的關鍵。**你必須要「沉迷→繼續→直到上癮」**。

無論如何，要導致學習成癮，第一步就是「沉迷」。

你知道人在沉迷某事物時，大腦裡會有什麼狀況嗎？

欲望和腦內啡會輪流湧現。

想滿足欲望→滿足→分泌腦內啡→想分泌更多腦內啡，所以想滿足欲望→滿足→分泌腦內啡→……

滿足「學習欲」

人是情感的動物，雖然有理性可以駕馭情感，但只要不影響到社會或周遭大眾，人就會忠於欲望、無法抵抗欲望的誘惑。

所以，人是以食欲、性欲、睡眠欲這三大欲望爲行動指標。只要人類還有感情，就擺脫不了欲望，迷上電玩、迷上漫畫、迷上動畫，這全部都是爲了滿足私欲才會沉迷其中。

前面提到「直擊人類的本能」就是這個意思。

所以，如果要沉迷於學習，只要讓自己有滿足「學習欲」的經驗就好了。

「習題都會寫的感覺眞好。」

「把不懂的題目都搞懂了，感覺舒坦多了。」

「自己努力解開了原本不會寫的習題，變得更有自信了。」

只要「學習能夠滿足欲望」，你就會逐漸沉迷於學習之中。而要沉迷其中，就需要滿足欲望、刺激腦分泌出快樂物質。因此才需要增加「自己的親身經歷（達成）」。

我在課堂上從來不會直接告訴學生答案，總是堅持「最後一定要讓學生獨力完成」。

當然，前提是我會先講解，提供學生某些提示，但最後會讓學生自己思考、絞盡腦汁想出答案，由他們自行「完成」。這是爲了讓學生累積「獨力完成」這份價值連城的經驗（達成經驗），借他人之力完成的事情並不具備眞正的價值。

努力的人在苦思、感到痛苦煎熬時，仍會找出自己可以完成的部分，而且他們的腳步不會停歇，依舊繼續累積經驗，獨自建立起一套完成的方法。因爲他們已經有「必勝方法」，「靠自己肯定辦得到」的堅定信心，所以他們能夠堅定不移。

「我學會了！」這一刻會讓人很開心吧？人在完成事情的那一瞬間會分泌出腦內啡，情緒會高漲、變得興奮。所以在念書時，一定要專注於一件可以滿足自己學習欲的事。

「要先學會什麼？」你要用這個想法開始學習，然後漸漸變成無所不能。

例如你決定要「背完一百個英文單字」，那不管怎樣都要熟記一百個英文單字，然後進行小考，拿到一百分。

「我學會了！」

雖然這是一時的感覺，但你滿足了學習欲，這是背完一百個英文單字後得到的快樂。滿足學習欲就是四大成分中的第三個「達成」。「達成」就是指「獨力完成自己決定好的課題」。

在學習上，沒有任何事比自己完成課題還要更能滿足欲望。「自主決定」「獨力完成」這兩點就是這麼重要，因爲沉迷學習、對學習上癮的都是「自己」，爲了達成目標而學習的也是「你自己」。

你要繼續滿足自己的欲望。

一時的欲望是「沉迷」，永續的欲望是「成癮」。

後面我會再談論具體的學習方法，這邊請先掌握好對學習上癮的必備前提。

- 上癮的起點是「沉迷」。
- 需要持續透過達成目標來滿足欲望。

你要根據這兩點來深入探索自己的「達成」，達成的終點是「學會」。這就是「學習的本質」。

利用學習的本質——「學會」

學習的終點一直都不變，那就是「學會」。

甚至可以說我們就是爲了「學會」而學習。你的學習是結束在「學會」的那一刻嗎？如果能在「學會」的那一刻結束，就代表你通過了這道關卡，否則就不能算是過關。

爲什麼我要這麼堅持「學會」呢？因爲這是「學習的本質」。學習的本質就是設法學會原本不會的問題。每天念書時，肯定會出現不懂、答錯、答對了但有疑問的題目，而學習就是思考如何「學會」這些。

換言之，學習最重要的時機，就在於「不會的時候」。

那該怎麼做才能「學會」這些題目呢？由於每個人需要學習的內容、科目都不一樣，我在這裡個別列舉具體的方法也無濟於事。不過，**任何題目都有能夠「學會」的因應方法，那就是建立多種解題的策略。**

假設你不知道怎麼做「A」題目。此時最重要的，就是要有好幾個能設法「學會」A的方法。

如果要解決題目A的話……

- 花時間仔細閱讀題解的每一句話。
- 用自己的說法整理在筆記本上。
- 在YouTube搜尋類似的題目教學影片。
- 請教老師。

你有多少方法可以解答題目A，決定了你是否能夠解決它。

只要自行建立「學會的方法」，就可以不停地學會原本不會的題目了。

總之，要滿足學習的本質「學會」，即四大成分之一的「達成」，就需要建立「專屬自己的成功模式」，以便解決所有不會的問題。「專屬自己的成功模式」是指「只要○○就能學會」的「達成」方法。而這裡的「○○」需要由你自己孕育出來。

將成果化為詞語

你在念書過程中，一定會遇到這種情況：「這個方法很好用欸！」這就是你的學習人生改變的瞬間。我絕對沒有誇張，只要持續注重這一刻，你的學習方法就會有很大的轉變。

我在這裡將「順利」稱作「成果」。

很多人都只想看到成果出現的那一刻。創造成果、體會成就感或沉浸於喜悅中是非常重要的事。不過，更重要的是「注重過程」，思索自己是如何得到這項成果的。因爲只在乎「成果」而不注重「達到成果的過程」的人非常多。

我的學生也有這種傾向。

難得學習順利、成績進步了，但要是問他們「這題是怎麼解出來的？」很多學生都答不出來，或是沒辦法用具體的語言描述。這就代表他們沒有建立「自己專屬的成功模式」，或是不知道「只要○○就能學會」裡的「○○」是什麼。

你平常念書時，應該都有弄懂原本不懂的題目、學有所成的經驗，一定要把這些成果化為文字。可以把好用的方法寫在筆記本裡或是使用手機錄音，什麼方法都可以，反正就是要把「自己如何學會」的過程、「專屬自己的成功模式」化為詞語。

確定自己懂什麼、不懂什麼，對學習的安全感會截然不同。因為**專屬自己的成功模式是可以重現的**。覺得好用的方法，有很高的可能性可以繼續沿用。

假設有個背一百個英文單字的方法是：

安排背單字的時間→小考測驗→在答錯的題目上做記號→只背有記號的單字→只考有記號的單字→不停重複直到完全熟背記號題（到這一步算一輪）→兩個星期內合計進行五輪。

如果把它當作你的成功模式，在需要背一百個新的英文單字時，只要重複使用這項方法就能記住了。

在建立自己的成功模式時，需要先有「實驗思維」。它是指每天嘗試學習技巧、驗證成果的思考方式。只保留好用的技巧，不好用的就拋棄。這樣反覆下來，就能逐漸確立專屬於你的好用學習技巧。

要「不斷嘗試」才能取得成果。如果有「好像很好用」的方法就盡量用且記得觀察成果。可以參考 YouTube 上面的學習技巧影片並嘗試看看，確認效果好壞，也可以向朋友、師長請教念書的方法，親自試試看。

不可能有人「用功念書一個月卻毫無成效」。只要認眞學習，就一定能理解原本不懂的題目，總有一天可以解答原本答不出來的題目，學習必有成效。

那要怎麼做、做什麼才能得到這項成果？

只要不斷將創造成果的方法化爲詞語，就能累積專屬自己的成功模式，增加更多把題目解開的經驗。這就是「學習的本質」。

只要持續這種學習方式，就一定能獲得成果。就以四大成分中的第三個「達成」爲目標，挑戰對學習上癮吧！

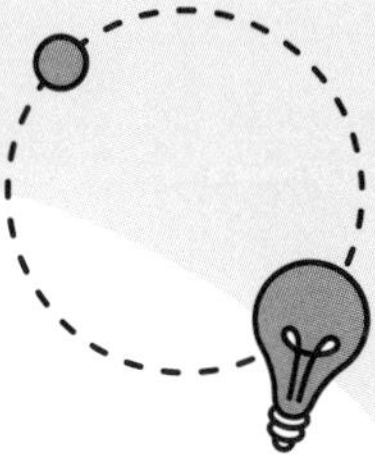

第四章

環境：
有九成的學習成效取決於此

會考慮「環境」的人非常少

「學習麻藥」四大成分的最後一個是「環境」。

環境不僅會改變學習，甚至可能會改變人生。這絕非誇大其詞。

假如你處於「大家都在念書」的環境裡，你也會自動變成「只能念書的狀態」。因爲大家都在念書，於是你也會理所當然地跟著念書，不知道有「不念書」的選項。

對，這就是學習成癮。

不過這個狀態已經超越「成癮」的程度，而是信奉「學習＝人生」了。「環境」的力量就是這麼強，因爲效果太強，所以要謹慎地考慮「環境」。

首先，「環境」取決於下列三個因素。

①場所

② 人際
③ 詞語

你在什麼場所、跟什麼人一起、說什麼樣的話呢？這些會決定你所處的「環境」。因此我們必須注意自己置身的場所、人際關係和詞語。

請你趁這個機會回想一下，回顧平常自己所處的環境非常重要。學習的方法、學習量、學習時間固然重要，但實際上環境更加重要。若你處於無法專心學習的環境，那根本就無法學習。

必須在某方面的學習取得成果的人，不論態度是積極還是消極，都會在意眼前要進行的學習。我過去在社群網站上發布資訊時，曾經收到好幾萬個問題，絕大多數都是關於「學習」的疑問。

「該怎麼提高讀書效率呢？」

「要怎麼樣才能增加念書的時間？」

「如果我要在半年內提高錄取率的話，該怎麼念書呢？」

這些全都是在問怎麼念書，幾乎沒有人會問下列這種關於環境的問題。

「要在什麼地方念書才好呢？」

「和什麼樣的人一起念書比較好？」

「場所」和「人際」都過於貼近生活，我們很難會對這些因素存疑，所以並不會太過深入思考。然而不思考，就無法改變環境。

如果你不曾考慮過「環境」，那就一起來思考吧！

我再強調一次，學習和人生都會因環境而大相逕庭。環境足以翻轉人生。既然你有緣翻開了這本書，那就一起用環境翻轉人生吧！

場所：最佳學習場所是哪裡？

首先來談「場所」。你都在什麼樣的地方念書呢？

你一定要講究念書的地方。「講究」的意思就是連細節都要考慮。你在選擇場所時必須考慮細節，否則就無法在那裡進行有價值的學習。

假設你在有電視的客廳念書，當你在念書時，弟弟打開了電視，又因播映的節目太有趣，讓你的視線不知不覺移了過去，完全無心念書。可見這處學習場所有問題。

此外，假設你在放了手機的書桌前念書。每當各種通知跳出來時，專注力就會中斷，於是你心裡會想：「休息一下，看個YouTube影片好了。」便伸手拿起手機，你原本打算只看個五分鐘就好，結果卻接著看了下一部影片，一回神，已經過了一個小時。可見這處學習場所裡的物品有問題。

想必大家都有過這樣的經驗。這些失敗的根本理由，就是「沒有考慮到細節」。不講究學習場所是不行的。

因此，你需要做的是爲所有東西加上「依據」。要爲你念書的場所及周圍的所有物品加上依據。

●爲什麼非得在那裡念書？

●爲什麼那樣東西非得放在那裡不可？

若要考慮細節，就必須爲場所及該場所的所有物品找出「理由」。

舉例來說，如果你在圖書館裡念書的話：

●只有在圖書館裡才能專心念書。

●在家裡會忍不住偷懶，把時間浪費在其他誘惑上。

●因爲圖書館裡的人都在用功念書，自己就會跟著用功念書。

如果是周圍的物品：

● 眼前放著時鐘才能專心念書。

● 書桌上只放習題本和筆記本才方便念書。

● 左邊放一只水杯才能補充水分，有助於持續念書。

爲所有物品加上依據再念書，才能投入學習之中，因爲這樣的環境才適合你。目標是打造出「心目中最能專心的地方」。該處就是保證可以「無限度學習」的場所、一進到那裡就能馬上全神貫注的場所。

● 這個場所眞的適合我嗎？

● 這個地方是最能讓我專心的場所嗎？

思考以上兩點並改變細節再嘗試。若順利就繼續進行下去，否則就回到上一步重來。這樣重複下去，就能打造出最適合自己專心念書的場所了。

或許你會覺得這做起來很難，其實不會，因爲你早就已經做過了。

這是什麼意思呢？

「浴室」「廁所」「臥室」就是你的模本。進入浴室後，你會清洗身體；進入廁所會大小便；進入臥室會睡覺。這三處地方都有前往的目的和依據。

學習也要比照辦理。要達成一件事，重要的是「比照順利的前例來思考」。

例如對我來說，最能專心的環境是「自己的房間」。當我進行需要高度專注的工作、預習上課內容、拍攝 YouTube 影片或線上授課時，都會在自己的房間裡。房間裡沒有多餘的東西，幾乎是空蕩蕩一片，所以每天可以在這裡專心工作好幾個小時，有效率地運用時間。順便一提，我也是在這間房間裡撰寫本書。

既然是你讓浴室、廁所、臥室可以各司其職，那學習肯定也沒問題。只要你能打造出可以順利學習的地方，一走進那裡，就會自動念書、學習。你一定要打造出這個場所。

人際①：學習成果會因人際關係而異

我在念國中時，有位十分崇拜的補習班老師。他非常熱情，很懂得照顧人，總是面帶微笑。

「你去做一本訂正答案的筆記吧。」這是那位老師給過我的一項建議。

「訂正筆記」是將課堂上、小考、功課裡答錯的題目統統影印下來，貼在筆記本的左頁，並且在右頁用自己的說法寫出解答和解說。老實說，這項念書方法很費工夫，但我始終相信老師而堅持做下去。

開始寫訂正筆記的三個月後，我取得了驚人的成績。以前在補習班的考試成績幾乎都吊車尾的我，這次卻突然竄升到第二名。

當時心想：「原來成績會因爲念書方式而有這麼大的差別啊。」但是，事實上這其中有一項更重要的關鍵。

那就是「有沒有人教我這個方法」。

人會在受他人的影響時改變。要是不認識那位老師，我的成績絕對不會有任何長進，這一切都多虧老師，如果他沒有教我，我一輩子都不知道要做「訂正筆記」。

我想透過這段往事告訴大家「人際關係的重要性」。你在念書的過程中接觸什麼樣的人、身邊有哪些人呢？

如果你是獨自苦讀而學有所成，那也無妨。不過大多數人都很難靠一己之力學習，肯定還是需要有位指導者。念書是一段孤獨的過程，終究需要獨自一人奮鬥。但是，人的周圍總會有人，你的身邊也一定有人。環境裡就是會有「人」。

是誰在教導你、你和誰一起念書、和誰有關連呢？你的人際環境，會大幅影響你的學習。

人際②：應當結交的三種人

與學習關連最深的「人」有三種。

①老師

②同學

③家長

我曾經接觸過數百名學生和家長，所以可以很肯定地說：「成績會進步、對學習上癮的人，一般來說都會結交這三種人或者其中一種人。」

如果沒有遇到好的老師，不論再怎麼用功也可能毫無長進；如果同學的讀書意願低落、整天貪玩的話，你可能也會跟著貪玩起來；如果你的父母認爲「不念書也沒關係」，你可能根本就不會念書。

這些平常與你有強烈關連的人，都會深深影響你。

不過現實就是在「人際關係」方面，運氣的成分占了很大的比例。說眞的，你會遇見什麼人，全憑運氣。

「附近補習班的老師很棒。」

「同學都超級用功。」

「爸媽對教育有熱忱、學習意識很高。」

這些都是運氣也是機率，你沒辦法控制。所以，在某些狀況下你實在是無能爲力。

倘若人際關係不走運，難道就只能撒手不管了嗎？沒有這回事。現代的教育環境非常充裕。

- 線上訂閱可無限次收看的專業講師授課影片。
- 優良的參考書和習題本。
- YouTube 的免費教學影片或直播讀書的 YouTuber。

到處都可以找到比以前更優質、免費或便宜的教育資源。現在是學生可以任意選擇老師和習題的時代，只要善用學習APP，甚至還能認識學習意識很高的同學。

雖然我們在「人際」上很容易受運氣影響，但現在的教育環境正逐漸削弱它的影響力。你可以盡量活用這些資源。雖然無法選擇父母，但所採取的行動可以幫你篩選老師和同學。

人際③：寫出在學習過程中需要的人

能吸引運氣的是「行動」。如果不行動，就不會遇見好的老師和同學，也找不到習題本，所以千萬別坐著不動。請你用行動，把會帶來正面影響的人拉到自己的身邊。而你具體要做的事情，就是**將自己理想中「需要的人」寫在紙上。**

例如下列這些人：

- 能教自己學習各個科目的人。
- 能教自己念書方法的人。
- 能幫自己提高學習動力的人。
- 能幫自己考上第一志願的人。

只要理想夠明確，就能看清哪些是你真正應該要結交的人，之後只要去調查、尋找就好。如果找到了就靠過去，一直待在那裡，接著就是吸收那裡的基準、規範、常識，不斷重複這項做法即可。

例如你遇到理想的老師，就把那位老師教的事全都做一遍，全神貫注於吸收那位老師的基準、規範、常識。

這不僅限於人，也可以是「習題本」。如果找到了理想中的習題本，就要把那本習題裡的所有內容都吸收、消化。

「改變人際環境」就是這個意思。

你心中應該有學習理想，而接近這個理想的人，就是你真正需要結交的人。

你想結交什麼樣的人呢？

詞語①：烙進腦海裡的詞語

「環境」的最後一個因素是「詞語」。

「環境和詞語之間有什麼關連？」應該很多人都會這麼想，兩者之間的關係似乎很單薄。但實際上它們的關係可大了。

前面我已經談過「環境」裡包含了「場所」和「人」。你在什麼場所與什麼人一起念書？這就是引發學習成癮的關鍵。

那麼，我們來進行一場猜謎。處在「場所」和「人際」的環境裡，一定會做的某些行爲，請問是什麼？

請你稍微放下書本思考看看。

我要公布答案了。就是「說」和「聽」。

你會在學習場所與結交的人說話對吧？我相信你也聽過他們說話。如果你會去學校或補習班，也會在那裡開口交談、聽人說話。即便你是一個人讀書，或許也會朗讀或是在嘴裡嘟囔著背誦教材內容。

- 如果身旁有人，就去搭話或聽對方說話。
- 在學習場所說話。

我們在環境裡一定會使用詞語。「環境」和「詞語」密不可分，而且沒有詞語就無法學習。這本書也是一樣。

你現在讀的就是我寫的詞語，沒有詞語就無法寫成書，只要改變詞語，人生就會改變。

這聽起來很抽象，所以我來舉個具體的例子。

假設有位「出生在棒球家庭的孩子」。這孩子從小就聽著棒球的事情長大，於是覺得打棒球是很自然的事，便開始打棒球。他加入少年棒球隊，在隊伍裡聽棒球話題，自己也談棒球，一整天都圍繞著棒球轉。他每天練習揮棒、衝刺、投球，因爲棒球是他人生的一部分，他根本無法想像沒有棒球的人生，可以算是「棒球成癮」。

他爲了打好棒球、爲了在比賽裡擊出安打和全壘打、爲了做到精采守備，將人生全都奉獻給了棒球。這孩子眞的很傑出、非常有魅力。

但是，爲什麼他會變成這樣呢？

因爲他一直都在接觸「棒球相關的詞語」。每天持續聽和棒球相關的話題，讓他的大腦也受到棒球控制，打棒球變成理所當然的事，所以他才會對棒球成癮、練習打棒球。

到這裡我總共提了十九次「棒球」。

如果你對這個數字很訝異的話，不妨從「假設有個『出生在棒球家庭的孩子』」這個句子開始數數看。

既然你都接觸「棒球」一詞這麼多次了，或許你也會在不知不覺中開始意識到棒球、思考棒球。

二〇二三年，日本在世界棒球經典賽中奪得世界冠軍，所以會關注「棒球」的日本人本來就很多吧？

可能在比賽過後，這些人會在YouTube上搜尋「棒球」，觀看罕見的場面、精采守備等影片。這就已經屬於輕度上癮了。

只要越常接觸「某個詞」，人就會越深陷於「某個詞」之中。

詞語②：什麼詞語可以幫助自己實現理想？

其實「成癮」代表著不論是在有意識還是無意識中，都會接觸與成癮對象相關的詞語，也就是「接觸詞語到上癮」。

手機、遊戲、漫畫都牽涉到「詞語」，因爲它們都會使用到。詞語的力量非常強大，足以改變人的行爲，所以學習成癮必定少不了詞語。那要怎麼做才好呢？其實很簡單。

就是持續接觸與學習有關的詞語。

這與四大成分的第二個「密切接觸」十分類似。

「密切接觸」是隨身攜帶學習用品，這裡則像是「隨身攜帶詞語」的感覺，也就是緊密接觸「特定的詞語」。

舉例來說，如果你的學習目標是「一次考取證照」，就要夜以繼日地觸及這個詞語。可以的話，在紙上寫出大大的「一次考取證照」，貼在最容易看見的地方，每天開口念出來，讓它進入視野裡，刻意持續接觸它。

當然，光是單純地接觸並沒有意義，所以接下來要思考「一次考取證照」這件事。

- 怎樣才能一次考取證照？
- 具體的念書方法是什麼？
- 要怎麼安排進度表？
- 自己現在還需要加強哪些部分？

清楚決定好目標詞語後，就要不斷思索如何達成這個詞語，全心全意地只專注在「一次考取證照」上，爲了達成目標而逐漸投入，這樣自然就會進入向目標前進的學習狀態，營造出一步步成癮的流程。

決定好目標詞語→刻意持續接觸它→不停思考達成的方法→自然接近成癮狀態。

你每天都在使用什麼詞語、聆聽什麼詞語呢？

請你從這本書開始養成習慣，在生活中注重「自己聽到的話」「自己說出的話」。要細心使用詞語，並意識到這些詞語。

能實現理想的人，都習慣時刻接觸能幫助自己實現理想的「詞語」。

- 持續接觸必須熟記的「詞語」。
- 將目標寫成「詞語」並對外宣布。
- 養成用「詞語」說明解題方式的習慣。

詞語會塑造你整個人。

要用詞語驅動自己、塑造出理想的自己。

我們一輩子都會跟詞語打交道，只要改變使用詞語的方法，思緒、行爲、人生就會跟著改變。詞語就是這麼偉大。

能夠運用詞語的生物只有「人」。我們沒有道理忽略人類獨有的偉大詞語能力，要珍惜並徹底發揮這既有的天賦。

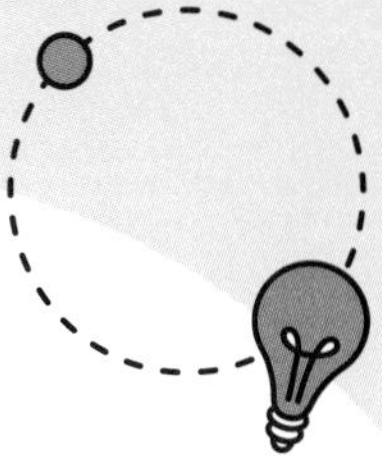

第五章

戒不掉、逃不了的四大成分使用說明

從這一章開始，我要更具體談論如何在實際的學習中，善用「學習成癮麻藥」的四大成分。

要做的事情很簡單，就是組合搭配。

混搭熱情、密切接觸、達成、環境這四大成分並加以運用，就能提高學習成癮的效果。武器多才好，既然有四大成分，那就把這四種都當作武器使用，效果更加倍。

不過，要一次用上四種武器未免也太難，況且要是無法靈活運用也沒有意義。所以我要先來告訴大家有哪些方便運用的組合，以及因應各種狀況的組合。

但是，這當中有一個成分是絕對不能缺少的，那就是「熱情」。所有組合都一定要搭配「熱情」。

爲什麼只有熱情如此重要呢？

持續燃燒「熱情」

前面解說四大成分時，我第一個就先提到「熱情」。因爲要是沒有熱情，我們就無法密切接觸、無法達成，也營造不出環境。

完全沒有幹勁、根本不想念書的人既不會隨身攜帶學習用品、沒有想達成的理想（目標），也無意改變環境。也就是說，沒有熱情就無法滿足四大成分。所以唯有熱情是絕對不可欠缺的。

而且更重要的是「持續燃燒熱情」。熱情不能像煙火一樣短暫，而是要持之以恆。但是，要持續燃燒熱情卻沒那麼簡單。不論再怎麼擅長學習的人，都會有熱情快要燃燒殆盡的時候。

好比說大家應該都曾在考試前發憤用功，但是考試一結束後，就再也念不下書的經驗吧？不過，還是有極少數的人可以持續燃燒學習的熱情。他們不論是在有意識還是無意識的狀態下，都在實行「持續燃燒熱情的方法」。令人訝異的是，一般來說，這種人根本沒有「持續燃燒熱情」的念頭。

爲什麼？

他們專注的不是如何持續燃燒熱情，而是認爲專注在「另一個地方」更加重要。能夠持續燃燒熱情的人，都專注在「重新燃起熱情」。

這是什麼意思呢？我就用「蠟燭」當例子，來解釋「持續燃燒熱情」和「重新燃起熱情」的差別吧。

「持續燃燒熱情」是指蠟燭的火焰不停燃燒的狀態。

「重新燃起熱情」則是指蠟燭的火焰熄滅後，又再度點火燃燒起來的狀態。

雖然兩者的結果都是「蠟燭正在燃燒」，但實際上並沒有人能做到持續燃燒熱情這件事。人是情感的動物，通常都會遇到熱情在某個時刻冷卻、消失的情況。所以最重要的是，讓熄滅的蠟燭火焰再度燃燒起來、持續下去。

因此，「持續燃燒熱情」換言之就是「避免熱情消失」。在熱情似乎快要消失時，能讓熱情恢復、擁有「回復力」的人，就能持續燃燒熱情。只要養成熱情永不熄滅的回復力、重燃熱情的話，就能一直持續學習。

那該怎麼培養回復力呢？方法包含下列三個步驟。

第一步：重新確認理想（目標）。

第二步：選出一件事。

第三步：採取行動。

熱情的根源就是「理想（目標）」。一旦迷失自己學習的目標，熱情就會消失，所以要定期確認「我的理想是什麼？」「我是爲了什麼才念書？」這就近似於我在〈第一章〉談過的「不停自問自答」。你也可以把這件事當作睡前的例行公事。

我的理想是〇〇 ↓ 明天也要朝著〇〇努力！

重新確認理想可以釐清「奮鬥的理由」，畢竟人不會爲了沒有奮鬥理由的事情行動。

確認理想後，就要進入第二步「選出一件事」，也就是爲了實現理想，決定好一件「現在最需要做的事」，像是「背英文單字」「看懂習題的詳解」「重解昨天答錯的問題」。

利用「先從〇〇開始」的句型，填入「〇〇」就能決定出一件要做的事了。決定好一件可以實現理想的事情，最後就進入第三步「採取行動」。

這件決定好的事情難度不盡相同，好比說「背十個英文單字」和「背一百個英文單字」的難度根本不一樣。熱情正在消退的時候，就越不能勉強自己，最重要的是篩選出一件非做不可的事，多多少少動手去做。

爲了採取行動而多少做了一點，和完全不做的人，差距會越來越大。因爲失之毫釐，差之千里。俗話說「聚沙成塔，積少成多」。只要能多少做一點，就能再多做一下；連一丁點都不願意做的人，永遠都不會做。這一點都不難，只是稍微做一下已經決定好的事而已。

能夠持續燃燒熱情的人、重燃熱情的人，在稍事休息的空檔也會多少做「一點」。他們並沒有做什麼厲害或特別的事，就是腳踏實地做一點，一點一滴累積下去而已。他們能夠體會到「做一點的威力」，才能輕易地做到。

接下來要談的是「四大成分的組合學習術」。我會請你自行思考、做決定，你要篩選出一件事，並專注於這件事情上。能夠改變你的，就只是這一丁點的行動。

熱情×密切接觸×達成：帶著巴掌大的學習用品

在持續燃燒熱情的狀態下，可以與什麼密切接觸、達成什麼？這就是「熱情×密切接觸×達成」的組合。

這其中包含了「密切接觸」的成分，所以就從選出一件貼身的學習用品開始。重點在於「隨時隨地都能看見這件物品」。因爲這個學習用品要隨身攜帶，所以要盡量選擇輕巧便攜的。

能同時滿足「輕巧」和「便攜」這兩項條件的，就是「巴掌大小」。英文單字卡或片語會話冊都符合需求。

如果選擇太大、太重、不易攜帶的學習用品，就很難隨身帶著走。我們不可能一直帶著厚重的資料集或參考書行動。

接下來，就是要明確決定自己想藉由隨身攜帶學習用品來「達成什麼」。比方說你隨身攜帶英文單字卡，就要明確決定「我想用英文單字卡達成什麼事」。這裡的達成條件也可以說是「學習定額」。

例如「在搭車上學的半小時車程裡，背完五十個新的英文單字→小考，重複做四次，徹底背熟」。你要用這種感覺明確決定好學習定額。

決定學習定額要注意下列三個重點。

①量化
②學習方法
③目標

以英文單字爲例，「半小時」「五十個」「四次」就是「量化」，「背單字→小考，重複做四次」是「學習方法」，「徹底背熟」是「目標」。如果決定得不夠清楚，你就不會知道「要達成什麼事、怎麼達成」，於是很有可能無法「達成」任何事。假設你只是隨便決定要「背英文單字」，就不會知道「要花多少時間背多少單字、怎麼背」，導致學習定額難以達成。

爲了能夠更有效率地學習，我們先來深入探討「量化」「學習方法」和「目標」這三點。

量化、學習方法和設定目標

首先是「量化」。量化最重要的是決定「數量及頁數」「時間限制」「次數」。這三者適用於任何隨身攜帶的學習用品，舉例來說：

- 一百個單字（數量），在六十分鐘內（時間限制）背三次（次數）。
- 三十個片語（數量），在十五分鐘內（時間限制）背兩次（次數）。

像這樣用「◇◇個○○，在□□分鐘內背△次」的句型來填充，任何學習內容都可以量化。雖然此句型主要是「背誦用」，但也可以套用於習題本，像是「十頁數學習題，在一百二十分鐘內寫一次」。決定好學習定額並量化，這件事眞的非常重要，請大家多多運用。

接下來是「學習方法」。要決定的是「該怎麼學習？」如果能將學習內容排出步驟的話就好了，像是「A→B→C→D→E」這樣。

安排背書的時間→做測驗→標記答錯的部分→只背做記號的部分→完整熟背做記號的部分。

這就是「學習方法」。

決定好用什麼步驟來推動學習，可以釐清自己「該做的事」，有助於專心讀書學習。這也是保持專注力的祕訣，因爲專注力就是在清楚確立「該做的事」時，才能發揮的能力。最典型的例子就是「測驗」。

測驗＝解題。

因爲清楚確定了「該做的事」才有辦法專心。專心的最高等級就是「成癮」，在成癮狀態中，人會展現出沉迷其中、無法自拔的專注力。

最後需要的是設定「目標」。目標可以說是「過關條件」，要事先決定好「怎樣才算是達成目標」。

- 背得滾瓜爛熟就算過關。
- 開口朗讀十次就算過關。
- 解完一定的題數就算過關。
- 能夠獨力解題就算過關。

一定要訂立清楚的過關條件。

假如是全程馬拉松，選手因爲確定了「四二・一九五公里」是目標（跑步距離），才有辦法跑下去。倘若沒有目標，選手只能一直跑下去的話，那就跟地獄沒兩樣，會讓人連跑都不想跑。

「測驗」也是一樣，因爲有「在五十分鐘內解完所有考題」的目標，我們才能專心考試。沒有人會想考「沒有時間限制也沒有題數限制」的測驗。

所以，請大家一定要訂立包含量化、學習方法、目標的學習定額，運用隨身攜帶的學習用品來念書。

熱情×密切接觸×環境：場所、人際、詞語的組合

在持續燃燒熱情的狀態下，可以在哪裡、與什麼密切接觸？

我在〈第四章〉提過「場所、人際、詞語」是滿足「環境」的三個因素，現在要做的是將這三者與「密切接觸」結合。

我們來思考以下三種組合。

• 場所（環境）×密切接觸

● 人際（環境）×密切接觸

● 詞語（環境）×密切接觸

當然你也可以用三個以上，配成像是場所×人際×密切接觸這種組合，不過我們還是先完成兩個的組合以後，再來實行三個以上的組合。否則要是一次用太多、難度升高，會讓人難以著手做。

各位如果需要重新確認如何與學習密切接觸，可以參照〈第二章〉。

● 場所（環境）×密切接觸

這是在某個特定的場所，持續使用密切接觸的學習用品。

例如「總是在圖書館寫理科的習題」，重點在於限定場所和學習用品。這樣才會知道「要在◯◯（場所）做△△（學習用品）」，清楚確定「在哪裡做什麼」，有助於提高學習專注力、能夠順利投入。最理想的是只要前往該場所，就能進入學習模式。

能讓你進入學習模式的地方是哪裡呢？

自修室、咖啡廳、圖書館、書房……這些都是很常見的地方，重要的是在你可以輕易進入學習模式的場所讀書學習。

其中一個基準，就是「能長時間學習的場所」。**能長時間學習的場所＝方便讀書學習、讓你不易抗拒學習的場所**。要在你認爲無可替代的學習場所裡用功讀書。

當然還是有其他稍微不一樣的場所，像是浴室、廁所、車上、朋友家等等。

- 進浴室洗澡↓回顧一整天的學習內容。
- 上廁所↓將貼在牆上要背的東西朗讀出來。
- 在車上↓翻開英文單字卡背單字。
- 朋友家↓一起做學校的功課。

這些全都運用了「場所×密切接觸」的組合。

- 浴室（場所）×一天的學習內容（密切接觸）。
- 廁所（場所）×朗讀要背的東西（密切接觸）。
- 車上（場所）×英文單字卡（密切接觸）。
- 朋友家（場所）×學校功課（密切接觸）。

不管是浴室、廁所、車上還是朋友家，本來都不是讀書學習的地方，但是把去這些地方的目的改成「學習」，就完成了「場所×密切接觸」的組合。只要成功讓學習與場所緊密貼合，學習時間就會大幅增加。

請大家一定要實現「到了某個場所就進入學習模式」的狀態。

● **人際（環境）×密切接觸**

這裡的目標是「和特定的人一起學習」。

找到「學伴」是非常重要的事。

我正在經營一家網路補習班，成員包括約一百名小學到大學學生、社會人士和家長，營造出隨時都有學伴的學習環境。雖然這只是舉例，不過「人際×密切接觸」就是指這種狀態。

我會讓他們報告自己的學習成果、進入線上自修室一起讀書、交流學習相關的問題和建議、互相教導不懂的題目。由於所有成員的狀態都一目了然，因此可以跟所有人分享自己的努力、獲得激勵和影響。

有沒有學伴會有很大的差別，因爲人很難獨自埋頭讀書。除非是意志異常堅強的人，否則往往會在無意間偷懶。雖然我們終究都必須靠自己的力量學習，但這個過程一定會牽涉到「人」。

請你先找到一位能夠一起讀書學習的學伴，希望你能把這件事當作功課來做。假如你已經有學伴，那就沒有問題了。

我的學生裡有位總是拿到全學年第一名的考生，他在補習班裡似乎有名競爭對手。他們會互相指導、幫對方出考題、做測驗一較高下。這樣能驅動他「那位同學很努力，所以我也要加油」的意識，這股意識就是他念書的原動力。

如果找不到學伴，也可以請學校或補習班老師協助，或是參加會發布授課影片的 YouTuber 偶爾舉辦的線上自修室之類的直播活動。

除了剛才那位會和朋友一起念書的學生以外，也有學生會和「家人」一起念書。

- 和爸爸一起寫數學習題。
- 對媽媽講解自己學過的內容。
- 請哥哥教自己念書。
- 請姊姊幫忙修改英文。

如果你是家長，我非常建議你「跟孩子一起讀書」。這樣你就能了解孩子的學習態度，也能掌握他學不會或不擅長的地方。只要了解這些，就能上網查詢改進的方法，或是請教老師，找到突破的方法。

總之就是要「與人有關連」。「環境×密切接觸」主要是指隨身攜帶學習用品，不過**也有「貼近特定人士、一起學習」的含義**。真要說的話，後者或許更有效果。請你一定要注重與周遭的關連。

●詞語（環境）×密切接觸：解答根據

我曾經成功幫數千名學生提升成績，如果加上社群網站的話，那就算是接觸超過十萬人了。接觸過這麼多學生和人士後，我也清楚知道什麼樣的學生會進步以及無法進步。

重點在於「用詞語解釋」。簡單來說，就是**「懂得用詞語解釋的學生會進**

步，無法用詞語解釋的學生無法進步」。用詞語解釋的意思是「能夠說明習題的解法」。我認爲無法用詞語解釋，就代表沒有眞正理解學到的東西。

大家知道爲什麼老師有辦法長時間教書嗎？因爲他們都充分理解授課內容、能用詞語表達出來。我們無法對別人說明自己不懂的東西，就像不知道網球規則就無法打網球一樣。人無法用詞語解釋自己理解不夠充分、未知的事物。

當然，有些人拙於用口語表達、不擅長說話，我也有這種學生。但這一點也不重要。

重要的是，你是否掌握了「重點」。只要掌握習題和課題的「重點」，就算不善於解說、口語表達笨拙也沒關係，能夠回答得出「這一題的重點是○○」就行了。

此外，用詞語表達自己「爲什麼會這樣理解」也很重要。能夠說得出「因爲○○，所以答案是△△」，這才是正確答案。這就是「解答根據」。

最危險的情況，是毫無根據地作答的時候。

「總覺得就是要這樣寫。」

「感覺答案是這個。」

「我也不知道爲什麼，反正這個長得像答案就選它了。」

學習不易進步的人都有這些特徵，因爲他們無法用詞語解釋，根本不知道自己的答案是否正確，只是用賭博的心態來解題，心想「猜中就好了」。學習可不是像賭博這種不確定輸贏的遊戲，而是一場只要答對就一定贏的遊戲。

所以，你要不斷思考解答的根據。**除了只要死背就能作答的題目以外，所有題目都有能夠推導出答案的解答根據，你要用詞語解釋這些根據。**如此一來，你就能信心十足地作答，不會得到出乎意料的結果，能夠取得預期中的分數。

請各位今後在讀書學習時，要以「能用詞語解釋」的觀念，養成「用詞語說明解答根據的習慣」。如果無法用詞語說明，就仔細閱讀題目詳解、掌握解答根據，然後再用自己的詞語說明解答根據。這才是能夠進步的學習方式。

詞語解說是可以練習的。我接觸過許多學生，有些學生一開始很不擅長解說，也在反覆練習後逐漸變得能言善道了。分數也反映出他們的努力，讓他們開始能夠穩定考取高分。

你隨時隨地都可以用詞語解釋。

- 在筆記本等紙張上寫下詞語解釋。
- 在腦海裡用詞語解釋。
- 開口用詞語解釋。

做來輕鬆，效果非凡。詞語解釋可以說是最強的學習方法。

「雖然答案對了，可是我沒辦法用詞語解釋爲什麼，所以算是答錯。」只要對自己嚴厲到這種程度，就會漸漸習慣用詞語解釋了。能夠用詞語解釋會讓人覺得非常爽快又有成就感，請各位一定要體會看看。

以上就是用詞語解釋學習內容以達到密切接觸程度的「詞語×密切接觸」，

最後我再順便補充一點，教大家「決定學習前的口號」。

●詞語（環境）×密切接觸：口號

這個方法的效果也非常好。就像是運動比賽前，全體隊員圍成一圈大喊「我們要贏！」互相打氣一樣，比賽中的吆喝聲也是同理。

具體來說，就是「說出特定的詞語幫助自己進入狀況」。

說「開動了」以後就開始吃飯；說「我走了」以後就出門；說「晚安」以後就睡覺。

人在說出特定的詞語後，就會打開某個開關。

所以，大家不妨也把這一招用在讀書學習上吧？

我在講課時，也會對學生說「上吧！」這就是我的口號，可以讓我進入上課模式。

喊出學習前的口號→開始學習。

這也是一種「詞語×密切接觸」。請你用自己想出的學習前口號來開啓自己的學習模式，只要多說幾次，就能做到「開動了→吃飯」這種反射程度的學習了。

以上就是「場所（環境）×密切接觸」「人際（環境）×密切接觸」「詞語（環境）×密切接觸」的做法。這些都是兩種因素的組合，如果想要三種以上的因素組合，就再各加一種成分。

例如你在「場所（環境）×密切接觸」的條件下，決定要「在自修室寫兩年分的考古題」。這時若要加上「人際」的因素，就會變成「在自修室和朋友一起寫兩年分的考古題」，這樣就能實現「場所（環境）×密切接觸×人際（環境）」。

如果還想再加上「詞語」，那就是「在自修室和朋友一起寫完兩年分的考古題後，用詞語互相講解、討論題目」，這樣就實現了「場所（環境）×密切接觸

×人際（環境）×詞語（環境）」。

以這種方式套用各個因素，就組合完成了。

熱情×達成×環境：回答問題、找出組合

在持續燃燒熱情的狀態下，要達成什麼、營造出什麼環境？

這就是「熱情×達成×環境」的組合，目標在於「達成」。

在你進入那個環境的瞬間，就要想著「在達成以前絕不走出去」。像玩「密室逃脫」一樣，沒過關就不能離開房間，而能夠實現近似這種狀況的組合，就是「熱情×達成×環境」。

我會請所有考生在暑假期間親自來補習班，關在一間教室裡，幾乎每天從早到晚都在讀書。雖然在寫這本書的時候我採取線上遠距教學，因此沒辦法這麼做，不過當時我會請他們一天讀書約十二小時，這其中，規則只有兩個，就是

「在補習班裡待滿十二小時才能出去」「花一整天完成自己訂好的學習進度」。

在這段時間，我會檢查他們的學習內容、進行小考、回答問題、上課。

大家發現了嗎？這個情境滿足了「環境」的場所、人際、詞語所有條件。

- 場所→補習班。
- 人際→身邊的考生、補習班老師。
- 詞語→檢查學習內容、回答問題。

我的學生只要到補習班，就能在環境條件齊全的狀態下念書。「在補習班讀書十二小時」終歸只是「熱情×達成×環境」的例子，但這裡的主題就是要根據這個例子，實現「適合自己的熱情×達成×環境」。

各位只要回答下列四個問題就好。請你一定要用小組作業的形式實踐這個組合。

①你都在什麼地方讀書學習？
②你要在那裡達成什麼？
③你的身邊有什麼樣的人？
④你都說哪些話？

你要具體決定好這四個問題的答案。爲了能回答得更具體，請盡量用「既有名詞」作答。

①你都在什麼地方讀書學習？↓○○圖書館、○○補習班、○○學校、○○自修室。
②你想在那裡達成什麼？↓用確切的解答根據徹底解析五十頁的《○○教材》。

③你的身邊都是什麼樣的人？→朋友〇〇和老師△△。

④你都說哪些話？→提出〇〇方面的問題並解決。

只要將既有名詞填入〇〇和△△裡，就能決定出「適合自己的熱情×達成×環境」。

當然有時候實在沒辦法填入既有名詞，假如是在圖書館念書，通常不可能知道身邊的人叫什麼名字吧？這時就可以直接填入「圖書館裡的人」或「用功念書的人」就好。另外，①②是必答的問題，不過要是在家獨自念書，③就沒辦法回答了，④也會因為一人獨處而無話可說。但只要能開口朗讀、自言自語，這些也可以視為「詞語（環境）」。即使沒有發出聲音，也能用詞語整理出解答根據。就這些意義來看，③和④還是可以依照自己的狀況來運用，目標是決定好「在〇〇場所達成△△」。只要能夠確定你的「熱情×達成×環境」就行了。

重點是先決定出一個「熱情×達成×環境」的組合。

最後，我要告訴大家一個最重要，人人都適用的必備組合範例。

那就是「在自己最理想的環境下，熟讀一整本習題」。明確選定環境和習題本，只將熱情投注在熟讀一整本習題（達成）上。這就是學有所成必備的工夫。

我在接觸過無數學生以後體會到一個現實，就是「有計畫的學生都能學有所成」。選出一本習題也是同理。

選出一本濃縮所有科目的習題，並堅持讀得滾瓜爛熟，實際能做到這件事的學生通常都能得到好成績。懂得訂立學習計畫、時常做準備、全部達成的學生，都能學有所成。

反之，「無法選出一本書」「同時念好幾本書」，所有參考書都要念的學生，卻拿不到好成績。因爲這樣是「博而不精」，要做的事一旦變多，注意力就會分散；注意力一旦分散，就要花更多時間才能完成；一旦要花更多時間，就無法保持動力，結果就是放棄。

我也親眼見識過好幾位這樣的學生，他們全部都沒能考到好成績。

但拿到好成績的學生就不一樣了。他們會選定一本書，讀到滾瓜爛熟後，才換下一本書。就這樣默默地重複下去。除非有意外，否則他們選定書本以後，就絕不再更換，全力專心讀那本書。所以他們不會因爲其他事情分心，可以做到高品質的學習。在那個場所（環境）徹底讀完（達成）以前絕不放手，堅持下去（熱情）。請你一定要達成這件事。

那環境要選在哪裡才好呢？選在達成計畫後能讓你產生自信的地方。選定了以後，就只要下定決心踏進去就好。

熱情×密切接觸×達成×環境：最強的組合

在持續燃燒熱情的狀態下，要與什麼密切接觸、達成什麼？那要在什麼環境才好？最後一個組合，就是「熱情×密切接觸×達成×環境」。

這是滿足所有四大成分、讓人無法不對學習上癮的最強組合。

我在寫這本書、把草稿輸入電腦時，腦海裡一直在想一件事：什麼樣的學生才算是學習癮君子？

我透過社群網站教學、接觸過的數十萬人當中，已經學習成癮的人都是懷著什麼心思行動的呢？可以無限滿足熱情、密切接觸、達成、環境這些條件的人，代表他們四大成分一應俱全。

● 在學習上有無論如何都想達成（熱情）的理想（目標）。
● 隨身攜帶學習用品並持續學習（密切接觸）。
● 踏實地完成自己訂立的學習計畫（達成）。
● 在適合自己的環境下讀書學習（環境）。

所以他們當然都會對學習上癮。

最後就只是把這四個全部組合在一起。爲此我們要做的只有一件事，就是彌補缺失。

你還缺少了什麼呢？是熱情？密切接觸？達成？還是環境？彌補缺乏的因素，就是你最後要做的事。

放棄思考的人只會原地踏步，能夠踏出一步、打破現狀的人，都會不斷思考。思考自己還少了什麼、該怎麼彌補缺失？如果有缺失，只要補起來就好了。

當你讀到這裡時，可以在腦海裡想像出自己的未來嗎？也就是想像「今後我要怎麼行動」？

無法想像，就代表無法實現。你要分別想像自己實際上會怎麼處理熱情、密切接觸、達成、環境，會怎麼行動。如果你無法想像，就回到〈第一章〉重新再讀一次。

雖然作者通常不會說這種話，但我要特別向讀到這裡的你這麼說：「當你能夠想像四大成分的組合以後，再往下讀〈第六章〉。」反之，如果你不能想像、忘記前面的內容，或是想法和行動都沒有任何改變，那就再回到前面重讀一次。

我很了解大家都想繼續前進的心情，但是回顧、複習都是必備的工作。因爲要是你把這本書看完了，就不會再重新看一次了。

基本上書只要看完一次就不會再看，跟參考書和習題本不一樣，絕大多數人都不會把同一本書重複看兩三次。既然如此，那在閱讀的過程中藉由反覆回顧、複習、回頭重讀來吸收書本的內容會比較好。

因爲你已經讀過一次了，所以中途回頭重讀，照理說也不會太辛苦，應該可以順暢地讀完。如果你是在看書時會劃重點、寫筆記的人，那只要「重讀那些部分」就可以了。

學習也是同理，學得越多，就會想不起來自己讀過什麼、學過什麼。由此可見，「回頭」非常重要。只要你回頭想起讀過的內容，能夠想像、改變行動的話，閱讀本書的時間就「有價值」。請你一定要實踐本書的內容，不是看完書就結束了，改變行動、現實才是結束，結局在於你讀完以後做了什麼。

現在你該做的有下列兩件事。

①彌補缺失。

②思考彌補的方法。

熱情、密切接觸、達成、環境這些成分就在你的眼前，只要拿來彌補自己的缺失即可。請你將這四片拼圖全部拼完，學習就是不斷彌補不足的空缺。

不會做的題目、答錯的題目、看不懂的題目……這些都是缺失的拼圖。

沒有熱情、沒有密切接觸、沒有達成、沒有環境，這些也是缺失的拼圖。

請把這些缺失補滿。唯有能持續彌補缺失的人，才會發現這件事——學習好有趣。

第六章

一併改造人格的
記錄進度學習法

不要用點狀，而是用線性記錄

〈第六章〉開始，我要告訴大家具體的學習方法。

當然這些方法全都包含了四大成分，專爲學習成癮而設計。而且我已經讓好幾百名學生實踐了這些學習方法，也都有實際成效。請各位跟我一起來實踐吧！

第一個學習方法，是「記錄進度學習法」。這個方法效果非常強烈，我會用一整章來詳細解說。

在這之前，請大家先思考一下「記錄進度和學習紀錄的差別」。

兩者並不一樣，雖然看起來很像，但只有一點大不相同。就是「點狀或線性」。

學習紀錄：點狀
記錄進度：線性

學習紀錄只是記下學過的東西，看不出是朝哪個方向前進、前進了多少。而記錄進度則是記下學習的推進程度，可以掌握自己當下所在的階段、還有多久可以達到終點。

也就是說，學習紀錄是記錄做過的事，記錄進度是做過的事以及與終點的距離。這就是學習紀錄和記錄進度最大的不同。

如果不釐清「終點在哪裡」「目前處於什麼階段」，就無法掌握自己的學習現狀和目的地，就像是在伸手不見五指的黑暗洞窟裡前進一樣。

「我現在在哪裡？距離終點還有多遠？」

如果不知道自己當下的狀況，精神負擔會很大吧？

人之所以能夠努力，是因爲清楚知道終點在哪裡。記錄進度就是爲此而生，將現在位置與終點連結起來的紀錄，也就是「進度紀錄」。

你會訂立學習計畫，或是記錄自己學過的內容嗎？

或許有些人會用筆記本或行程日誌來記錄學習狀況。這時是否記下了「目標」和「完成的進度」，或者在記錄時是否有意識到這兩點，才是最重要的。

維持動力的一大因素是「成就感」。

成就感就是「確實前進的感覺」。在評估「達成的程度」「前進的程度」以前，若是沒有前進的感覺，就很難維持動力。

人會對電玩遊戲沉迷、上癮，是因爲可以透過「級數」和「關卡」來體會到前進的感覺。遊戲就是設計成可以讓玩家自動體會到成就感的架構，所以才能維持動力。

那麼讀書學習也一樣安排成「可以體會到成就感的架構」就可以了。這個架構就是記錄進度。

或許已經有人發現了，記錄進度是將引發學習成癮的四大成分中的「達成」可視化的工具。

只要隨身攜帶進度紀錄，也能滿足「密切接觸」這個條件；只要對外宣稱自己的目標，還能滿足「詞語（環境）」的條件。所以「記錄進度學習法」就是能導致學習成癮的學習方法。

那應該要怎麼記錄、學習呢？

在平日的學習中設定「終點」

記錄進度學習法最重要的是「設定終點」。

設定終點才會清楚知道「現在位置」和「目的地」，可以做到將兩點連成一線的學習。

當然最後的終點是「合格」，爲此要做的就是熟讀習題本。

> 熟讀習題本→考題中出現與習題本相似的題目→答對。

按照這個流程來學習，就會更接近合格。

所以，這裡將「合格」的目標變成更具體的「熟讀習題本」，訂立讀習題的計畫，並依照計畫表來做詳細的進度管理，這就是能讓考試合格的學習法。

我舉幾個在平日的學習中設定終點的例子。

- 在三個月內熟讀習題本五次。
- 在兩個月內熟讀英文單字卡四次。
- 在六個月內熟讀參考書七次。

要設定出「期限」和「次數」。

順便一提，「熟讀」就是「能夠作答並自行說明所有題目的解答根據」。

請你回想一下自己正在使用的教材，可以的話就拿出來，想一想自己是否設定了讀它的「期限」和「次數」？如果還沒設定，就趁現在設定好「在什麼時候以前要熟讀幾次」。

首先設定「次數」。

看看自己用的教材，覺得「應該差不多再讀三次就好」，設定一個「感覺上」的數字也沒關係。如果讀完三次以後覺得不夠熟，那就再多讀一次。

倘若你實在無法決定，就直接訂「五次」吧！

這是我接觸許多學生後得出的結論，**只要反覆讀教材「五次」，幾乎都能滾瓜爛熟**。

設定好次數以後，接著要來設定「期限」。這時就需要一點計算能力了。

假設「一五〇頁的習題本要熟讀五次」，那就是要讀一五〇頁×五次＝共七五〇頁。如果要在三個月內完成，平均每天要讀七五〇頁÷九十天＝八～九頁。

如果你算出來覺得太多，那就把期限拉長；如果覺得還在能力範圍內，就維持原狀；如果覺得還能讀更多，就把期限縮短成「兩個月」。

以這個例子（合計七五〇頁）來看，平均每天要讀的頁數是：

四個月：七五〇頁÷一二〇天＝六～七頁。

五個月：七五〇頁÷一五〇天＝五頁。

六個月：七五〇頁÷一八〇天＝四～五頁。

像這樣調整期限並計算，製作出「自己在現實中能完成的計畫」（表2）。

計畫裡最重要的就是「現實性」。

要是訂立出脫離現實的計畫，中途就會失敗受挫。花時間重新評估自己計算訂立的計畫，這件事非常重要。

教材的目標設定，要用「頁數×次數÷距離期限的日數」算出一日平均頁數，並檢查是否符合現實，再依照這個計畫開始學習。

另外還有一點。

目標是「熟讀教材」，而要達成這個目標，就一定需要做紀錄。

表 2 記錄進度的格式和範例

【習題本名稱】

	總頁數：　　頁	▸期限：　個月	▸次數：　　次
第 1 次	/ ～ / （　天）	頁 / 天	題 /　題（　%）
第 2 次	/ ～ / （　天）	頁 / 天	題 /　題（　%）
第 3 次	/ ～ / （　天）	頁 / 天	題 /　題（　%）
第 4 次	/ ～ / （　天）	頁 / 天	題 /　題（　%）
第 5 次	/ ～ / （　天）	頁 / 天	題 /　題（　%）

↑熟讀次數　↑每次的日期和天數　↑每天平均頁數　↑每次答對題數和答對率

【習題本名稱】A 習題本

	總頁數：150 頁	▸期限：5 個月	▸次數：5 次
第 1 次	9/1 ～ 9/30（30 天）	5 頁 / 天	230 題 / 500 題（46%）
第 2 次	10/1 ～ 10/30（30 天）	5 頁 / 天	300 題 / 500 題（60%）
第 3 次	10/31 ～ 11/29（30 天）	5 頁 / 天	390 題 / 500 題（78%）
第 4 次	11/30 ～ 12/29（30 天）	5 頁 / 天	450 題 / 500 題（90%）
第 5 次	12/30 ～ 1/28（30 天）	5 頁 / 天	500 題 / 500 題（100%）

有助於一步步扎實完成的「週進度紀錄」

「週進度紀錄」的用途是訂立一整週的學習計畫、記錄完成度（表3）。

製作週進度紀錄，可以讓一週內每天的學習內容可視化，清楚知道自己「什麼時候要讀什麼、該讀多少」。而持續記錄也有助於掌握自己能達成的學習量和學習時間，使自己更能妥善運用時間、了解自己的能力，可以提高計畫完成率。

進度紀錄和週進度紀錄要依下列方式分別使用。

進度紀錄：用一個月～半年的中長期計畫來安排習題本的研讀。

週進度紀錄：用一週、一天爲單位來細分並安排進度紀錄的計畫。

舉例來說，假設進度紀錄設定爲「八月一日到八月三十一日，在這一個月內讀四次」。那週進度紀錄裡就以週爲單位編排詳細的計畫，如下所示：

表3 記錄週進度的格式和範例

星期	星期一		星期二		星期三		星期四	
學習時間	時數		時數		時數		時數	
學習內容								
星期	星期五		星期六		星期日		學習時間合計	
學習時間	時數		時數		時數		時數	
學習內容								

[例]

星期	星期一		星期二		星期三		星期四	
學習時間	3小時		2小時		3小時		2小時	
學習內容	①背100個	45分	①背100個	45分	①背100個	45分	①背100個	45分
	②寫4頁	30分	②寫5頁	40分	②寫4頁	30分	②寫3頁	20分
	③寫3頁	30分	③寫2頁	20分	③寫3頁	30分	③寫2頁	20分
	④寫1篇	15分	④寫1篇	15分	④寫1篇	15分	④寫1篇	15分
	⑤複習&訂正	60分	⑤無		⑤複習&訂正	60分	⑤複習&訂正	20分
星期	星期五		星期六		星期日		學習時間合計	
學習時間	4小時		10小時		12小時		36小時	
學習內容	①背100個	45分	①重背500個	225分	①重背500個	225分	1週學習定額	
	②寫4頁	30分	②重寫	120分	②重寫	120分	①500個英文單字	
	③寫5頁	50分	③重寫	80分	③重寫	80分	②20頁英文習題本	
	④寫3篇	45分	④寫3篇	45分	④重寫	130分	③15頁聽力教材	
	⑤複習&訂正	70分	⑤複習	130分	⑤複習	165分	④10篇英文閱讀	
							⑤1週複習&重寫	

八月一～七日：第一次（週）。八月十五～二十一日：第三次（週）。

八月八～十四日：第二次（週）。八月二十二～三十一日：第四次（週）。

就像是將一整模圓蛋糕或披薩等分切開一樣，以週或天爲單位細分需要長期完成的目標，腳踏實地一步步向前進。只要持續做這兩種紀錄，就能漸漸熟讀習題本。

記錄方式爲下列四個步驟。

①決定一週的學習定額。

②安排每天的學習時數。

③將學習定額分配到每一天。

④分配每天定額的學習時間。

我舉個例子來逐一說明。

首先是決定「一週的學習定額」。

一週學習定額：

- 背五百個英文單字。
- 十篇英文文章。
- 二十頁英文習題本。
- 複習和重寫一整週做過的習題。
- 十五頁聽力教材。

請按這個方式決定好「一週內要學習的內容和完成數量」。決定好了以後，再安排每天的學習時數。

星期一：三小時。
星期五：四小時。
星期二：二小時。
星期六：十小時。

星期三：三小時。　　　星期日：十二小時。

星期四：二小時。

確認你的行程表、安排每天的學習時數，然後將「一項學習定額」分配到每一天天，例如「英文習題本二十頁」，就可以安排如下：

星期一：四頁。　　　星期五：四頁。

星期二：五頁。　　　星期六：重寫一遍。

星期三：四頁。　　　星期日：重寫一遍。

星期四：三頁。

像這樣細分並安排「每天要完成的進度」，後面也用一樣的方法，將其他科目的一週學習定額分配到每一天。

最後是按照「②安排每天的學習時數」設定好的學習時數總和，來分配各個學習定額所需的時間。這裡舉星期一爲例。

星期一：三小時。

- 背一百個英文單字（四十五分鐘）。
- 四頁英文習題本（三十分鐘）。
- 三頁聽力教材（三十分鐘）。
- 一篇英文閱讀（十五分鐘）。
- 複習和重寫做過的習題（六十分鐘）。

這裡的時間合計爲三小時。每天都用一樣的方法安排，排好一週的進度就完成了。

- 決定每天要學的內容和時間，以達成一整週的學習定額。
- 訂立習題計畫→訂立達成這個計畫的一週計畫。

只要完成這兩個步驟，最後要做的就是「化石化」。

將執行的內容和成果「化石化」

安排好計畫以後，剩下的就只有按表操課，讓計畫得以全部完成。

此時的目標就是「化石化」。**化石化的意思是「寫下計畫的成果、留下努力過的痕跡」**。請你一定要持續記錄、累積計畫的成果，千萬不能丟掉。你應該不會丟掉自己的考卷和成績單吧？留下來才方便以後回顧，可以當作資料存起來，這些都會成爲你決定今後學習指標的素材。

最重要的還是**寫下來**。這裡說的「寫下來」，是指寫下計畫的成果，像是達成的學習時數、答對題數、答對率、分數等等。你必須不斷在計畫上書寫，否則根本不知道自己前進了多少，無法確定距離終點還有多遠、進度完成多少。不寫下來就不算是記錄進度學習法了，當然也不會有成就感，更不會使你學習成癮。

訂立計畫→執行→寫下成果。

雖然只要重複這三個步驟就好，但很多人往往做不到「執行」和「寫下成果」。計畫不是訂完就結束了，要執行、完成後才是結束。你必須牢牢記住這個觀念。

因此，你要好好運用四大成分的第二個「密切接觸」。你必須隨身攜帶計畫，不時多看它幾眼。由於頁數、數量、期限、次數、時間限制都已經決定好了，為了能按照計畫進行，養成看計畫的習慣非常重要。

計畫就是「地圖」，沒有地圖就到不了目的地。而且，你也要經常確認「自己目前的位置」。已完成的計畫就加上刪除線或是做記號。如同前面提過的，盡量將自己做過的事情量化，就能了解自己的能力範圍。

訂立計畫並知道自己的能力，這一點非常重要。倘若你不清楚自己的能力，就無法訂立出符合現實的計畫。只要能夠正確掌握自己的能力，就能按照自己所預期的去執行、達成計畫。

而且，刻意訂立比自己的能力更高一級的計畫，也能學到如何製訂有助於提升實力的高度計畫。

結果就顯現在紀錄上。像地層一樣逐漸累積紀錄，即可獲得你的「個人資料」。

- 在什麼時候做什麼可以提高達成率？
- 什麼做法可以學得更順利？
- 疲勞的時候學什麼才適合自己？

●自己在什麼時候會偷懶？

●怎樣才能在休息後馬上收心學習？

你要盡量把學習計畫寫得越亂越髒，把它變成化石。化石化會漸漸讓你停不下來，於是對學習上癮。

我在〈第七章〉會詳細說明這其中的原理。

總而言之，「記錄進度學習法」可以讓你得到下列這些好處：

●得到朝向目標「前進的感覺」。

●可以了解「自己的能力」，按照自己的預期執行計畫。

●可以累積「自己的個人資料」，奠定適合自己的學習方法。

這就是非做不可、會讓人學習成癮的學習法。先拿出紙筆，從寫計畫開始。

要對自己稍微嚴格一點，遵守「排好教材計畫和一週計畫以後才能讀〈第七章〉」的規定，試著做看看。

這是爲了讓你徹底活用本書，也是爲了讓你在閱讀的過程中對學習上癮。

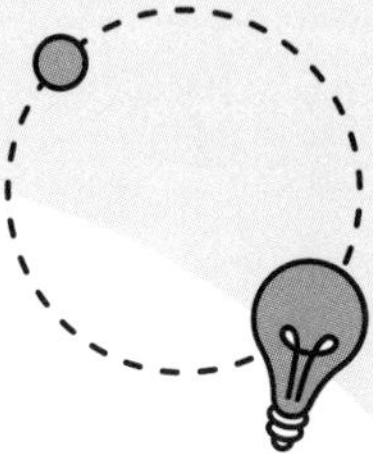

第七章

生成更多腦內啡，六大加重成癮的心理技巧

〈第七章〉要介紹的是會導致學習成癮的心理技巧。

「手機成癮」是指心靈處於追求手機的狀態。心靈想要，就會上癮，上癮和心理有密切的關連。既然如此，只要控制心理活動，就能上癮了。

因此，你需要學會這一章解說的六種心理技巧。

當然，這些也全都是滿足熱情、密切接觸、達成、環境的學習方法。

心理技巧①：獲得絕佳行動力的「擺角法則」

「擺角法則」是掌握人的行動心理、必定會使人動起來的最強心理技巧。

擺角法則是利用「想要〇〇（利益）」和「不想△△（損失）」之間擺盪的角度，來提升人的行動力。人行動的理由只會是「想要〇〇」或是「不想△△」其中之一。

電玩遊戲包含了「想要升級」「想要打倒敵人」等「利益」，和「不想輸給朋友」「不想停在這一級」等「損失」，兩者之間的擺角幅度很大，才會讓人想要一直玩。滑手機包含了「想看YouTube」「想傳LINE聊天」等「利益」，和「不想放下手機」「不想放著朋友的訊息不回」等「損失」，兩者之間的擺角幅度很大，才會讓人想要一直滑。

日常習慣也是同理。刷牙包含了「想清潔牙齒」「想保持牙齒乾淨」等「利益」，和「不刷牙很噁心」「不想蛀牙」等「損失」，兩者之間的擺角幅度很大，才會讓人想要刷牙。

因此，人在利益和損失之間的擺角越大，越會積極行動。

反之，擺角越小，人越不願意行動。

如果「想要○○」的理由和「不想△△」的理由都很弱，甚至沒有這些理由，人就找不到行動的意義。

「想要○○」是「正」，「不想△△」則是「負」。假設「想要○○」的強度是正五，但沒有「不想△△」的理由，合計的擺角差距是五，行動力就是五。

假如「想要○○」的強度是正五「不想△△」的強度是負五，合計的擺角差距是十，行動力就有十，與前者相差一倍。**光是有沒有「不想△△」的理由，就會造成這麼大的差距。**

反過來說，沒有「想要○○」也沒有「不想△△」，兩者皆零，行動力就是零，結果就是「一動也不動」。例如對足球毫無興趣的人，對足球沒有「想要○○」也沒有「不想△△」，所以就不會踢足球；遲遲不寫暑假作業，直到八月最後一週才急急忙忙開始寫的心態，就是因爲「慘了！還沒寫完……不交作業會被老師罵！要趕快寫才行！」「我不想當班上唯一不交作業的人！」這些都是損失擺角突然往上揚，造成的常見行動。

所有行動都可以用「擺角法則」來說明。**如果要獲得絕佳行動力，就要設法擴大「利益」和「損失」的擺角。**所以在「學習」方面，要盡可能用下列形式列出「想要○○」和「不想△△」的理由（圖2）。

圖2　擺角法則與行動力示意圖

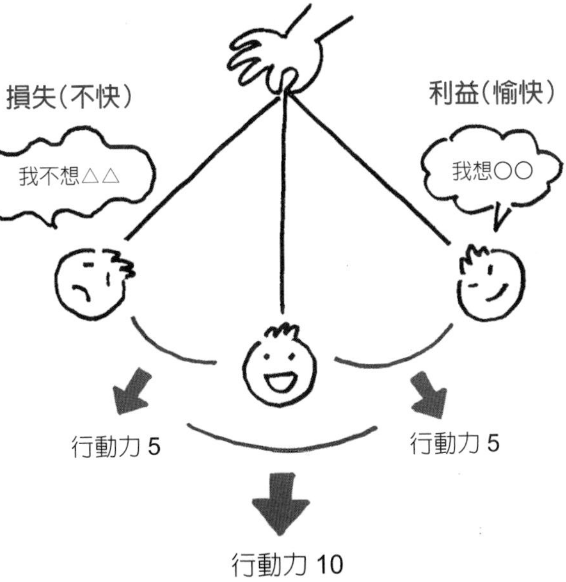

比起單純地「想○○」或「不想△△」，
能同時察覺兩者的行動力會更高。

例

學習外語時察覺到的利益和損失

損失
不想有去留學了，
卻連日常會話都不懂的
悲慘回憶。

利益
想在留學前精通
一定程度的日常會話、
在當地交朋友。

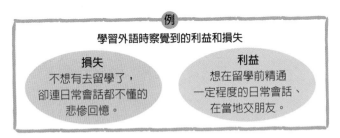

你想透過學習得到什麼「利益」呢？

你在學習上不想造成什麼「損失」呢？

要慢慢地仔細思考，將這些全部寫在紙上。這項工作可以擴大利益和損失的擺角。行動的泉源是「熱情」，只要利益和損失的擺角幅度越大，心就會越加沸騰、使你行動起來。你要善用擺角法則來驅動自己，而能讓你動起來的就是你自己了。

心理技巧②：不需要學習幹勁的「勞動興奮」

接下來是能滿足四大成分中「密切接觸」的心理技巧。

「我提不起勁念書，該怎麼辦？」

這是最常有人問我的其中一個問題。那我就直接回答了：「要利用勞動興奮。」

勞動興奮是指透過輕度勞動來使大腦興奮的心理現象。

請各位仔細看看「幹勁」這個詞。

它是由兩個字組成，要「幹」才會有「勁」，這就是「幹勁」的發生機制。而「勞動興奮」也幾乎是相同的原理，要先「勞動」才會「興奮」。

雖然看起來像在玩文字遊戲，卻十分合理。我們必須開始做才行，因爲這就是幹勁的本質。

話雖如此，或許你還是會想「就是『幹』不了才傷腦筋啊！」是這樣的活，我要請你做一件事，就是隨時準備好可以引發勞動興奮的學習用品，並且隨身攜帶它。

做不了的最大原因就是「嫌麻煩」。準備萬全、坐下來、把書桌整理乾淨、開始行動，這些步驟太繁瑣了，讓人覺得「麻煩」，有了不做的理由，於是不願意做。既然如此，那就盡量消除「麻煩」就好了。所以我才要你隨身攜帶學習用品。如此一來，即可隨手取出，馬上就能做。

爲了啓動勞動興奮的狀態，最重要的就是消除「麻煩」。「麻煩」是多餘的念頭，多餘的念頭會限制人的行動。

所以，**要趁「麻煩」的念頭還沒出現以前、在停止思考的狀態下，一頭栽進學習中**。這就是引發勞動興奮的訣竅。

在停止思考時從口袋裡拿出單字卡翻一翻，大腦就會興奮起來，能夠看著單字卡一直念下去。

> 消除麻煩→在停止思考的時候動手做。

只要能開始做就沒問題，**先動手就贏了**。

我的學生曾經說過一句話：「只要能走進圖書館就贏了。」只要能成功「走進圖書館（做）」，勞動興奮就會啓動，讓他得以持續念書學習。他還說**「只要早上去圖書館，就能一直讀到晚上」**。

能夠長時間念書的人、學習成癮的人，都會把最多的能量注入在「開頭」。他們認爲「開頭」最重要，因爲只要能成功「開頭」，後面就會自動把書念下去了。

從今以後你要盡量激發自己的勞動興奮。爲此你需要養成「念一點書的習慣」。

念一點書→勞動興奮啓動，有動力念書→休息→念一點書→勞動興奮啓動，有動力念書→休息。

像這樣加入「念一點書」的動作。

「只是念了一點書，就持續念了三小時。」

「連一點書也不肯念，結果完全沒念到書。」

是否能夠念一點書，就會造成如此大的差距。

這樣一個月、兩個月、三個月……累積下來，你認爲會怎麼樣呢？後者已經無法挽救了。

請各位要注重這「一點」。就算是拖拖拉拉地念書也沒關係，只念一分鐘的書也沒關係，邊看電視邊念書也沒關係，任何方法都沒關係。

去做就對了。只要能稍微做一點，你就贏了。而且，完全不需要激發幹勁。

心理技巧③：自動開始下一次學習的「蔡加尼克效應」

能滿足四大成分中「達成」的心理技巧，就是「蔡加尼克效應」。

你會看動畫或連續劇嗎？應該很多人都曾經一口氣看完二十四集動畫，或是徹夜把網飛熱門戲劇從第一集看到最後一集，花超乎想像的時間去看吧？這就是因爲動畫和連續劇製作團隊發動了蔡加尼克效應。蔡加尼克效應是一種心理現象，意指比起已完成的事，人會更在意未完成的事。我們一旦開始看動畫或連續劇，就會開始在意後續發展。這就是「未完成的事」，會令人難以忘懷、忍不住看下去……於是就徹底上癮。

我們一定要將蔡加尼克效應運用在學習上。你自己就能產生蔡加尼克效應。方法只有一個，就是故意不念完書就結束。

這裡會出現四大成分中的「達成」。

例如你正在做十頁的功課，做到第九頁後，刻意剩下一頁不要做完。這會讓你覺得心裡不舒坦，會有「好想把最後一頁做完」的欲望，但你還是要刻意不去完成它。如此一來，你就會滿腦子想著「剩下一頁」，站在成癮狀態的入口。

用這個狀態結束當日的學習，等你之後要接著念下去時，就會順利進入狀況，一坐下就能念書，自動開始學習。如果把這「剩下一頁」當成「一點」的話，這「一點」就可以啓動上一節介紹的「勞動興奮」了。

在「剩下一點」時結束（蔡加尼克效應）→開始做「剩下的一點」（勞動興奮）。

這個組合不需要任何幹勁，就能自動開始學習。

「未完成」「不乾脆」「不舒坦」「差一點」……這些全都給人負面的印象，不過只要了解蔡加尼克效應的原理，就能正面看待這些狀況。負面的事物只要稍微換個角度解讀，也能具有正面的意義。

只要你主動積極地運用、改變做法，結果就會跟著改變。

那這本書你還要繼續讀下去嗎？還是先暫停一下，以便啓動蔡加尼克效應呢？

如果你想要啓動蔡加尼克效應，就刻意不要讀下一行，在這裡就闔上書本。

下一節，我會解說與蔡加尼克效應相容的方法（如果你也在這裡闔上本書，更能發揮「蔡加尼克效應」）。

心理技巧④：再也無法擺脫學習的「沉沒成本效應」

接著是在〈第六章〉「記錄進度學習法」裡也提過的「沉沒成本效應」。

要達到成癮狀態，就要盡可能製造更多沉沒成本。**沉沒成本是指不願意放棄自己長期累積的成果，感到「捨不得」的心理現象。**

以打電玩遊戲爲例，在「升到八十級後，只要再升二十級就能達到最高的一百級」的狀態下，有誰能夠放棄不玩呢？既然都玩到這種程度了，就會捨不得放棄。

學才藝和運動也是同理，都練了這麼多年，實在沒辦法說不練就不練吧？「放棄很可惜」「都累積這麼多了」「因爲有不能放棄的理由」……人都會像這樣「自圓其說」而無法放手。

爲什麼記錄進度學習法的化石化會導致上癮呢？因爲只要持續記錄，紀錄就會慢慢變成一顆歷經風霜的化石，讓人產生放棄它「很可惜」的心態。

俗話說「堅持就會勝利」，意思是「只要堅持下去就會有成果」，不過我個人是**把「堅持就會勝利」的意義，解讀成「只要堅持下去就會變得無法放棄，會持續到成功爲止」**。我想讓你知道，「自圓其說」「化石化」「堅持」的力量就是這麼強大。

與蔡加尼克效應相容的，就是這項沉沒成本效應。只要累積蔡加尼克效應，就會啓動沉沒成本效應。

其實，我前面談到的內容都刻意安排過順序。

擺角法則→勞動興奮→蔡加尼克效應→沉沒成本效應。

這些全都能連成一直線。

使熱情沸騰起來（擺角法則）→念一點書（勞動興奮）→刻意在不上

不下的地方結束學習（蔡加尼克效應）→這樣反覆下來就會不斷累積，變得無法放棄（沉沒成本效應）。

學習就是不斷地累積。累積的本質是「腳踏實地去做」。

要腳踏實地做什麼？

做到「密切接觸和達成」。

隨身攜帶學習用品、學到滾瓜爛熟，逐漸增加達成的結果。

將這些寫成紀錄並累積起來。可以直接寫在參考書或習題本上，也可以做記號。我也建議保留用完的筆記本和寫乾的筆，可以讓人觸景生情。**只要以看得見的形式保留努力學習的證據，就能提升自信。**如此一來，沉沒成本就會越來越多。

你都在記錄、累積什麼呢？

先決定一件你要記錄的事吧！這件事將會是導致你學習成癮的契機。

心理技巧⑤：可以無限持續學習的「等級控制法」

「等級控制法」會以和沉沒成本效應截然相反的方式導致學習成癮。做法是將學習內容分成不同等級，分別運用，例如可以把學習內容分成下列等級：

C級：簡單。
B級：普通。
A級：困難。
S級：超難。

感覺就像是在設定量身打造的難度，只要按照「擅長和不擅長」「輕鬆和沉重」的標準來分級就好。

爲學習內容分級，有一個非常大的好處，就是「可以用符合自己程度的學習進行下去」，「符合自己程度的學習」還可以再決定出兩件事。

①念書的順序。

②念書的時段。

按照哪個順序、在什麼時段分配哪個等級的學習才適合自己呢？找出這些答案、符合自己程度的學習方法，就是等級控制法。

假設在「一整天的休假日」，上午是大腦最活絡的時段，所以要進行A級（困難）和S級（超難）的學習。中午開始覺得疲倦了，所以就進行C級（簡單）的學習。晚上安排較長的休息時間，恢復精神後再進行B級（普通）的學習。

像這樣將這些分好的等級，用等級控制法找理由安排好順序和時段。

為此，我們還需要回顧「自己的學習」。

● 這個學習內容是什麼等級？
● 排在哪個順序來學習會比較好？
● 在哪個時段進行哪個等級？

如果你還是不太清楚，就先安排一項暫定的計畫試著做看看。做了就知道是「成功」還是「失敗」了。

如果成功了，就繼續用這個等級控制法，讓自己養成習慣；如果失敗了，就要想成是「成功知道什麼方法不適用」，更改順序和時段，再試一遍。就這樣一直持續到成功爲止，完成自己的等級控制法。

也可以將前面提到的「週進度紀錄」計畫內的學習內容分等級，安排順序和時段。

要讓學習內容和等級相等，然後也相互配合順序和時段，接著達成它們。等

級控制法就是滿足四大成分的心理技巧。

人對某個事物上癮時，就代表「各個等級的分布很均衡」。不能只做簡單的以及做差不多等級的事，也不能都做太難的。不能偏向任何一個等級，而是要均衡接觸每個等級。

越「符合自己程度的學習」，越容易導致學習成癮。因爲「符合自己程度的學習」念起來最順利。你要運用等級控制法更進一步達到這個狀態。

心理技巧⑥：在考場上發揮最佳實力的「緊張舒緩法」

最後一個心理技巧，會最大限度利用前面沒有用過的「環境」。不僅如此，這還是包含「達成」和「密切接觸」的最強心理技巧。

只要能夠靈活運用這個技巧，不只會對學習上癮，還能學有所成。它可以大幅增加學習時間，達到半永久性的學習效果。這個技巧就是「緊張舒緩法」。這是**進行有緊張感的學習，再進行舒緩學習的方法**。也就是能順利切換「緊張」和「舒緩」的狀態，屬於等級控制法的應用型。

在各個等級的學習中加入「緊張」或「舒緩」即可。範例如下：

A級（困難學習）→用測驗形式計時作答所有科目的考古題（緊張）。

之後再進行：

C級（簡單學習）→翻閱昨天整理好的筆記（舒緩）。

這就是緊張舒緩法。先緊張後舒緩，當然也可以反過來。總之就是刻意分別進行緊張的學習和舒緩的學習。因此，你需要深入理解「緊張」和「舒緩」。「緊張」只有一個重點，就是**增加壓力**。

會讓你退縮的學習就是「壓力」。

- 大量背誦。
- 寫有點難的題目。
- 計時念書。
- 模擬考試的狀態念書。
- 學習不擅長的科目。

會讓你覺得「有點討厭」「這樣很累」，都是有壓力的學習。這相當於等級控制法的A級（困難學習）和S級（超難學習）。而你最好要特別去做的，是「模擬考試的狀態念書」。連我接觸過的學生當中，也幾乎沒有人會用這種心態念書。要用正式應考的心態來讀書學習，因此也需要打造出「考場環境」。這就是四大成分中的「環境」。

正式的考場環境如下：

● 四周寧靜，氣氛緊繃。

● 桌面上只有試題卷、答案卷、文具、時鐘。

你要自己營造出這種環境，身歷其境扛著壓力念書。

只要是考生，考前都會寫考古題，所以大多數的人遲早都要實踐這個學習方法。這時我們會計時，用測驗的形式答題。如果目標是合格的話，應該都會來到寫「考古題」這一關吧？我的建議是，既然遲早都要做，那「不如趁現在試試看」。

爲了考試做好萬全準備的人，才能在正式考試中發揮實力。做好萬全準備的人，都擁有「豐富的經驗」。

高壓等級的學習，就是在極爲接近正式考試的環境下學習。

你要刻意營造出考場環境，並增加在那裡念書的時間。如此一來，你就會學到「在正式考試中的戰鬥方法」。

- 怎麼安排題目的作答順序才好？
- 要選擇哪些題目、放棄哪些題目？
- 怎麼分配各個題型的作答的時間？
- 每一大題需要拿到多少分數？

只要能一一解決這些課題，考試就能拿到好成績。

你在念書時必須要能感受緊張和壓力。只要克服這些，就能得到無與倫比的「成就感」，會想要大喊「很好！我成功了！」這會讓你非常快樂，而快樂又會衍生出下一次的快樂。快樂會引發連鎖反應，經歷越多「成就感」，你就會越「想達成更多」。這就是上癮。

讓緊張和壓力成為你的戰友。這是邁向學習成癮的第一步。

接下來是「舒緩」。

一直處於緊張狀態難免會累，而且會變得排斥念書，所以還是需要舒緩一下。

首先我要請問你，你在念完書後休息時，都在做什麼呢？

「看漫畫」「滑手機」「打電玩」「吃零食」「聽喜歡的音樂」「小睡片刻」「玩APP」……這些是大多數人的休息方法，但卻因爲用了這些方式休息，導致休息時間拉長，一回神才發現已經過了一、兩個小時，應該大家都有過這種經驗吧？

我認爲，**原因出在這些休息方式跟讀書學習無關**。提到「休息」，多數人都以爲是「離開書本，做跟學習沒有關係的事」。但我對這種觀點保持懷疑。**做與學習無關的事情就是休息嗎？難道不該推翻這種休息的定義嗎？**

於是我想出來的休息定義如下：

休息＝輕度學習。

顛覆「休息時做與學習無關的事」的常識，改成「休息時進行非常舒緩的學習」。

這就是我所得出的結論。

只要能做到「休息＝輕度學習」，就可以持續學習、大幅增加學習的時間。因爲完全不做滑手機或打電玩這些與學習無關的事，所以休息時間也不會拖得太長。再也不會發生「休息太久了，浪費好多時間」這種情況了。你需要改變放鬆、休息的觀念。在進行有壓力的高度緊張學習之後，要進行輕度學習，重振精神。

有壓力的學習（緊張）→輕度學習（舒緩）。

以此爲一組，重複循環下去。這就是學習→學習的「密切接觸」。久而久之，你就只會讀書學習了，這就是學習成癮的狀態。

不過每當我對學生講到這裡時，都一定會有人問：「這未免也太累了吧！我就是想打電動啊，那我要什麼時候才能打？」總之，大家都想知道「什麼時候可以進行跟學習無關的休息」。

我直接說結論好了，就是在「所有學習都結束了以後」。

不停重複「有壓力的學習（緊張）→輕度學習（舒緩）」，直到完成一整天的學習定額以後，你就可以進入與學習無關的休息、好好舒緩放鬆。

要用這種方式來區分休息。

是否能夠妥善區分緊張和舒緩的學習方式，會讓你的學習時間和學習的品質截然不同，結果也會截然不同。同時採取緊張和舒緩的學習、持續向前邁進，人就會更上一層樓。

第八章

學習癮君子的七大怪咖學習法

能得到驚異學習成果的人都是怪咖

最後一章，我要介紹可以現學現用、只有學習癮君子才會實踐的七種怪咖學習方法。

當然，這些方法也全部包含了前面會導致學習成癮的四大成分：熱情、密切接觸、達成、環境。

其實，能得到驚異成果的人，大多運用了後面要介紹的學習法。這些方法乍看之下非常詭異、大眾無法理解。然而，會用的人都是值得讚許的「怪咖」。

爲什麼呢？

因爲越能得到驚異學習成果的人，越能心平氣和地去做沒人要做的事；因爲沒人要做，才會被當成「怪咖」。但是只要仔細思考、深入觀察，就會明白這是能讓人學有所成的學習法。

這些方法都相當合理，肯定會讓你恍然大悟。

「學習成癮」「學習麻藥」這些詞，聽起來就是怪咖專用的，對吧？如果有人說「我對念書上癮了」，你應該會覺得這人是「怪咖」。而寫出這種書的我也是「怪咖」。

我們就來接受「怪咖」的稱號、一起對學習上癮吧！

念書會因此變得樂趣十足。一旦上癮了，任何人在任何時候都會樂在其中。

怪咖學習法①：變身解題高手的「積極學習法」

從現在起，你要建立一種學習心態，那就是要爲答錯欣喜若狂。

看吧，這樣有夠奇怪，根本怪咖。但是，「爲答錯欣喜若狂」這個觀念，具備最重要的「學習本質」。

學習的本質，就是學會原本不會的題目。把「×」變成「○」，就是學有所成的念書方式。不過，很多人發現自己答錯時都會灰心，整個人垂頭喪氣。

然後會怎麼樣呢？會提不起勁念書，再也不想念書，專注力也消失無蹤，放著答錯的題目不願面對。

這麼一來就不會去重做題目，成績和落點也就不會提升。

一切都取決於「心情」。心情也是四大成分中的「熱情」。心情對學習來說非常重要。

我在課堂上都會喊話激勵學生、跟他們聊一些愚蠢好笑的事。這樣可以觸動他們的情感和喜怒哀樂。情感和喜怒哀樂都會大幅影響情緒，所以我會藉此激發學生的「學習幹勁」。

人在消極的時候，會遲遲提不起勁念書。這就是重點。把念書當作「學藝」，設法正向看待，能強制把消極轉化為積極，這就是有驚異學習成果的人的思維。

「為答錯欣喜若狂」就是其中一個具體方法。你要在答錯題目的時候笑著說「好耶！」就算只是假裝一下，也要強行激發自己的情緒。然後，你要對自己的錯誤產生興趣。

請你笑著檢查自己究竟答錯了什麼地方。雖然這樣實在很奇怪，不過還是要暫時激發自己的情緒。振奮情緒、產生興趣，會讓大腦更容易吸收，如此一來，就會處於想要訂正錯誤的精神狀態之中。

這就是「學習的本質」，也可以說是「能讓自己最快訂正錯誤的方法」。「訂正錯誤」是學有所成的必經之路，為了放大這個效果，所以才需要強制激勵情緒。

「答錯」看似具有負面的含義，但是你要改變觀點：「答錯」是好事，人不犯「錯」就不會進步。

高中生在做小學一年級程度的算數練習時總是拿滿分，這樣會進步嗎？一定不會吧，因為他從來不會「答錯」，所以沒有進步的空間。這就是「不犯錯就不會進步」的意思。你要敞開心胸接受「錯誤」，為「答錯」而開心。「錯誤」是你的好夥伴，也是你進步的大好機會。

怪咖學習法②：刻進腦海的忘不掉「錄音學習法」

最簡單又最有效率的學習方法是什麼？就是「耳讀」。

不需要寫，也不需要看，就是戴上耳機盡量聽，只要這樣就好。

你喜歡聽什麼樣的音樂呢？你越喜歡的音樂就會聽越多次，對吧？當你已經重複聽了無數次以後，就會自動記住歌詞、能夠開口哼唱，而且完全不費力。仔細想想，這不是很厲害嗎？根本不必努力就會自動背熟。

這就是耳讀。

耳讀可以讓你隨時隨地躺下就能學習，簡單到不行，人人都適用。而我要在這裡告訴你耳讀用的「錄音學習法」。

它有下列三個步驟。

第一步：找出需要熟背的內容。

第二步：用錄音APP錄音。

第三步：反覆聆聽。

首先你要找出「背不起來的內容」和「一定要背熟的內容」，接著自己朗讀出來、錄進「錄音APP」裡。

例如「蘋果apple」，用「題目、答案」的形式錄音。

這裡的**重點在於從「題目」朗讀到「答案」時，中間要稍微停頓一下**。這麼做的用意是「保留思考的時間，在聽的同時做測驗」。最後你必須熟悉到能在一秒內答出背誦的內容，所以中間要停頓約一秒鐘。

也就是按照「題目→（停一秒）→答案」的流程錄製成習題。請用這個方法盡量在APP裡錄音。

順便一提，**我推薦使用的APP是「PCM Recorder Lite」，這也是我愛用的程式**。它的評價遠遠超過其他錄音程式，所以我才會推薦給大家。把背誦的內容錄進程式裡，接著就只要像在聽你愛聽的歌曲一樣，反覆聆聽就好。

錄音學習法簡單來說，是「人人都能做到」「效率極佳」「可以自動記憶」的強力方法，但大多數人都不會這麼做。當然這也可能是因爲大家都不知道這種方法，但其中一個關鍵因素就是「難以執行」。

大家都不想聽到自己的聲音。因爲我親自實踐過，所以很清楚，每個人在聆聽自己的聲音時會感到非常抗拒。

如今我已經在YouTube上傳了五百部以上的影片，剛開始聽到自己的聲音時，感覺非常詭異。由於我是自己剪接影片，所以會聽到自己的聲音，當時我還心想「這是什麼聲音！」總而言之，「自己錄音、持續聆聽自己的聲音」反而是最大的障礙（儘管這跟讀書學習已經沒有關係了）。

只能下定決心，忍受這股怪異感堅持聽下去了。畢竟「習慣成自然」，在這股怪異感裡堅持下去，就會逐漸習慣了。利用空檔、搭車的路途、休息等零碎時間來聽，「生活就會變成學習」，讓學習的時間大幅增長。

● 耳朵與耳機「密切接觸」。
● 生活與學習「密切接觸」。

「錄音學習法」就是活用了四大成分中「密切接觸」的學習方法。

怪咖學習法③：愛上念書！激發好奇心的「吐槽學習法」

我在課堂上經常使用「吐槽學習法」。
例如我在講解數學題目時：
題目：太郎出門忘記帶東西，趕緊跑回家拿……
吐槽：太郎弟弟你在幹嘛啦！怎麼會忘記呢！

我會用這種感覺來「吐槽」題目或文章的敘述。

這個方法的效果在於「更容易理解文意」，而事實上，吐槽是很需要動腦筋的事。

電視上的搞笑藝人，尤其是負責吐槽的人，腦袋都非常聰明。因爲吐槽需要具備臨場反應、瞬間爆發力、豐富的詞庫、音量等各種能力。光是練習吐槽的技巧，說不定頭腦就會變得非常聰明。

吐槽的流程是「理解→吐槽」。畢竟我們沒辦法吐槽自己不理解、聽不懂的事情，對吧？

吐槽學習法特別適合用在國文和英文的長篇閱讀。可以吐槽文章裡的登場人物、描述方式和情節發展。文章的故事和情節發展都會有變化轉折，所以很容易吐槽。

另外還有一個重點，就是「透過吐槽自然產生興趣」。實際上，吐槽的流程就是在「理解→吐槽」裡加上興趣，變成「理解→興趣→吐槽」。

理解事物、產生興趣，進而吐槽。人都是用這個過程來吐槽的。只要以吐槽爲前提來讀書學習，就能得到學習時必備的「理解」和「興趣」要素。「吐槽學習法」可以「達成理解」「達成興趣」，滿足四大成分中的「達成」。

人不會吐槽自己沒有興趣的事物。

比方說你打開電視，看到絲毫不感興趣的節目時，都會一臉嚴肅地默默轉臺吧？照理說並不會在這個時候大聲吐槽。請你用「吐槽前提」來試著解題看看。

如此一來，大腦就會順暢地吸收學習內容，加快理解速度。你能夠興致勃勃地學習，所以學習內容也很容易深植在腦海中。

怪咖學習法④：實現最高學習品質的「阿宅學習法」

「阿宅學習法」是我每天都在執行、會讓學習品質爆表的學習方法。我最重要的工作是教學生念書，爲了提供學生最佳的課堂體驗，需要做的就是「預習」。

因此，我構思出一種像阿宅一樣的「問題解說法」。

這個方法好玩到不行，雖然一百個人裡，大概有九十九個人聽不懂我在說什麼……

阿宅會對「一件」事發揮非比尋常的專注力和執行力，他們對這件事的解釋和知識相當「深入」。你要把這當成一種非凡的力量。如果你是「在念書時會變身成阿宅」的怪咖，「學習品質」就會上升到爆表。你要認同阿宅的能力、化身爲阿宅。

或許你很排斥「阿宅」這個稱呼，但既然你都勉強讀到這裡了，應該也已經接受「學習成癮」這個說法了吧？所以**你一定要擁有「我是學習宅，才不會輸給那群遇到考試才要念書的人」的氣魄**。

那要怎樣才能像阿宅一樣念書呢？

就是**深入探討「爲什麼」和「怎麼做」**。在解題作答的途中，以及解完題後都要徹底探討「爲什麼」和「怎麼做」。

不停詢問自己「爲什麼？」並解答題目、反覆叨念著「怎麼做」，並理解、熟記所有「解題方法」。

「爲什麼」和「怎麼做」都需要用到詞語，所以這代表阿宅學習法會運用到四大成分中「環境」的「詞語」因素。阿宅總是萬無一失，可以流暢地解說自己所知的一切而毫無停頓。在達到這種水準以前，需要花大把時間徹底思索。

絕大多數人念書都是採取「非阿宅式學習法」，所以通常「只是形式上的學習」，學到的知識都脆弱得容易遺忘。

但「阿宅學習法」不一樣，進行的是「內容扎實的學習」，所以不容易忘記，可以學到穩固的知識。只有能持續這種學習法的人才會明白，這樣會徹底沉迷於學習，因爲可以藉此發現到「解決疑問」「掌握流程」，實在好玩到不行！

到了這種程度，你就會把「念書」擺在第一位，自動增加學習的時間。如果你想要設法增加學習時間，那很簡單，只要沉迷於學習就行了。這正是「成癮狀態」。

你要先養成在解題作答的同時思考「爲什麼」和「怎麼做」的習慣，當你不知道「爲什麼」和「怎麼做」時，就要仔細閱讀題目的詳解、搜尋教學影片或是請教老師，一定要解決你的疑惑。持續進行解開「爲什麼」和「怎麼做」的學習，久而久之，你的學習品質就會更深入扎實。這種學習就是「能有效應用的學習」。

因爲總的來說，應用問題牽涉到各種基礎、需要扎實深入的知識和思考能力。精通「阿宅學習法」，你的能力就有望得到爆炸性的成長。

我有好幾名學生經常拿到全學年第一名，他們的學習品質都很高，採取阿宅學習法或類似的學習方式。也就是說，「阿宅學習法」是學有所成的人必做的學習方法。

趕緊採用阿宅學習法，不斷解決「爲什麼」和「怎麼做」，盡情享受學習。

怪咖學習法⑤：瞬間降低學習難度的「躺平學習法」

這一節要寫給現在正躺著看這本書的人，這樣就對了，你就保持這個姿勢來念書。

「躺平學習法」在「提不起勁的時候」非常有效。

你可能也經歷過「實在是提不起勁念書」的時刻吧？或許就是現在也說不定。

用稍微詳細一點的說詞來描述「提不起勁」的心情，大概就像是「唉，得坐在書桌前打開課本寫兩頁功課才行啊」的感覺。現在你完全不需要做這句話裡的任何一個動作，不必坐著，不必打開課本，也不必寫兩頁功課。

離開椅子，拿著課本躺在沙發上就好，你完全不必去想兩頁的功課。你就只要捧著教材躺在沙發上。

一般來說沒人會這樣吧，根本是怪咖，但是這樣就好了。因爲比起什麼都不做，只要稍微接觸一下學習的內容，你就會直接吸收它了。

大多數人都太認眞了，而且把學習門檻想得太高。

「要坐在書桌前才行。」

「要趕快念書才行。」

「要寫兩頁功課才行。」

「要○○才行」的想法會限制你的行動。「躺著學習」的門檻遠比「要念書才行」低很多。

同樣都是念書，只要改變觀點，行動門檻就會改變，變得能夠付諸實行。與其自己提高門檻卻念不了書，不如降低門檻、多少念一點書會比較好。

拿著教材躺下→產生「稍微翻一下」的念頭→同時拿起筆→產生「多少寫一題」的念頭→解完題後想要更進一步→不知不覺坐到椅子上→開始認真念書。

「躺下」「翻一下」「多少寫一題」，這些全都「不認眞」而且達成門檻很低，做起來很簡單，但這就是重點。因爲「學習」的特性是只要稍微做了一點，就會讓人停不下來、繼續做下去。

這就是〈第七章〉談過的「勞動興奮」。勞動興奮運用了四大成分中的「密切接觸」，即「隨身攜帶學習用品」。所以躺平學習法也用到「密切接觸」的成分。

「躺平」等於是跟地板、沙發或床鋪密切接觸，同時也跟學習用品密切接觸。

因此，「躺平學習法」就是應用了勞動興奮的學習方法。

你要好好重視「幾分鐘的學習」。這幾分鐘十分珍貴，只要能夠啓動勞動興奮，幾分鐘就會越滾越多，增加成幾十分鐘、幾個小時。

降低學習門檻、順利開始念書的第一步，就是「躺平」。

怪咖學習法⑥：手機成癮變學習成癮的「自拍學習法」

人可以做到全力專注的其中一個狀況是「被人監視」。「考試中」就是個很好的例子。

因爲有監考官和四周考生的「視線」，無論如何都必須寫考卷，所以才能夠專心。換言之，只要準備好這種「視線」，你就會被迫專心念書。

因此要做的只有一件事：把「手機」當作「視線」。

用手機的前置鏡頭照出「自己正在念書的模樣」，就會讓你產生被人監視的感覺（圖3）。試一下你就明白了，一開始你會很在意手機，感覺到自己眞的「被監視」。

這麼做還有一個很大的好處。你無法專心念書的原因是什麼呢？雖然原因有很多，不過最常見的原因應該就是這個吧——「手機」。

圖3 把手機從學習障礙物變成監視官或學伴

- 被監視的感覺會讓人更緊張、能夠更專心。
- 減少無用的滑手機時間。
- 觀看影片中的自己，可以得到成就感。
- 像YouTuber一樣對著鏡頭講解並學習，可以提高吸收力。
- 只要重看拍下的影片，就能當作複習

只要使用「自拍學習法」，就能箝制念書最大的障礙──「手機」。因爲你正在用手機自拍，沒辦法滑手機。這樣會強制禁止你使用手機，可以把「無法滑手機的時間」變成「念書時間」。

「自拍學習法」是能將手機成癮變成學習成癮的學習方法。

順便一提，如果把手機設定爲「縮時攝影功能」來拍攝，可以把影片時間壓縮得更短，方便事後快速檢視。六小時的念書影片可以壓縮成約二十秒。縮時攝影功能可以把自己念書的樣子做成可見的「紀錄」，並保留下來，用幾秒、幾十秒就能確認成果，會有很高的成就感。

這就滿足了四大成分中的「達成」。我也會請學生積極活用「縮時攝影學習法」，而他們實際使用後的感想如下：

- 念書時根本不能用手機，會覺得「只能念書了」。
- 因爲我老是會分心，就用了這一招！結果我變得超級專心的，以後我還要再用！

● 我在早上念書時用了這個方法，書念得很快，效果很好！

可見有非常多學生覺得很有效，所以你一定要試看看。

另外，我也建議大家用「邊拍邊講解題目」的做法。在拍攝的同時對著手機鏡頭，用對別人講解題目的感覺說話，就像線上授課的老師或知識型YouTuber一樣。

不管是「答錯重寫的題目」還是「終於弄懂的題目」，把這個方法用在需要解說的題目上，一次就能背起來。因爲我們對於能用自己的話解說的事物，記憶會更深刻。各位都能清楚記住自己對朋友說出的看法、對別人解釋過的事情吧？就是這種感覺。

沒有其他人在看你，只要自己一個人就能拍攝，所以不必太緊張，放輕鬆試試這個方法吧！事後只要重看拍好的影片，就能當作「複習」。

「多次重看拍好的影片」就等於「多次複習」，可以讓學習內容越來越穩固。

搭配前面的「躺平學習法」，變成「躺著重看拍好的影片」，不僅降低了念書的門檻，也能當作複習，效率更加倍。

怪咖學習法⑦：即刻吸收所有課堂內容的「猛抄學習法」

最後是我在高中時期實踐過的「猛抄學習法」。這個方法能讓專注力爆發，瞬間就能背熟。要做的只有一件事。

那就是在課堂上把老師說的每一句話都猛抄下來。

這個方法運用了四大成分的熱情、密切接觸、達成、環境。熱情是「我要全部抄下來！」的熱烈心思；密切接觸是筆記本、筆和老師；達成是抄完後的成就感；環境是老師在課堂上的講解。猛抄學習法就是將老師說過的話，快速動手猛抄在筆記本或活頁紙上。

這個方法值得推薦的理由有三個。

①可以專心聽老師講解。

②提高資訊處理能力。

③加快理解速度、可以瞬間記憶。

後面我就來依序解說。

①可以專心聽老師講解：

此時你的意識在於「抄下老師說的話」，所以當然必須專心聽老師講解。由於你抄寫的速度必須要和老師說話的速度一樣快，所以能夠飛快地書寫。只要有一瞬間分神，就會跟不上老師的講解，導致抄不下去。因此**專注力會變得非常**

高。

我是將「老師的板書」寫在筆記本的左頁，「老師的講解」寫在右頁。

事先固定寫在筆記本上的位置和內容，就不必費心思考要把什麼內容寫在哪裡，可以順暢地寫好筆記。

左頁的板書要是看不懂，只要看右頁就能重新理解，變成方便複習的筆記格式。

還有個更有技巧的用法，就是「縮減左頁的書寫量，增加右頁的書寫量」。這種筆記的寫法是只在左頁寫下關鍵字，右頁則是盡量寫出關鍵字的解釋和老師的講解。如此一來，格式就變成左頁是題目，右頁是老師的講解和答案，可以讓筆記本直接變成教材，把整堂課變成「習題」。只要複習、熟讀這本筆記，就能完整記住課堂內容，簡直就是最強筆記本。

② 提高資訊處理能力：

由於是一聽到老師的話就抄下來，從「聽到老師的話」到「寫下來」的間隔非常短，接收資訊後馬上理解並寫下來，所以資訊處理能力會大幅提高。

除此之外，「書寫速度」和「反應速度」也會提升。「書寫速度」提升是因爲邊聽老師說話邊抄下來，才能飛速書寫下去。

「反應速度」提升是因爲即刻反應老師的話、即刻寫下來。只要使用猛抄學習法，就能一口氣獲得學習必備的「資訊處理能力」「書寫速度」「反應速度」要素。這種學習方法眞的非用不可。

③加快理解速度、可以瞬間記憶：

「可是，單純把聽到的抄下來，不見得就能記住啊？」

應該有人是這麼想的吧？不過出乎意料的是並不會發生這種情況，因爲「只要在書寫方式上多花點心思就行了」。

請你想像一下「飛速猛抄的情況」。要把對方說的每一句話都寫下來，感覺好麻煩。如果是「有很多文字的歷史課」，就必須寫一大堆筆畫多的字了吧？

因此，我們要稍微加強一下書寫效率。具體來說，就是「**省略文字**」「**用注音**」「**用符號**」「**畫圖**」。

舉例來說：

省略文字：省略「是~」「做~」之類的詞。

用注音：把鎌倉幕府寫成「ㄌㄘㄇㄈ」（實測書寫速度可以快三倍）。

用符號：？↓※○×等等。

畫圖：用自己的方式把老師說的話畫成圖。

只要像這樣「花點心思減少書寫量」，就能迅速抄下老師說的話。這些巧思都需要自己動腦筋思考並下寫來，所以非常消耗腦力。

尤其是第四個「畫圖」，需要將「老師的上課重點」「什麼東西怎麼了」

「前因後果」「理論架構」畫成一眼就能看懂的圖解，對課堂內容的理解程度會明顯提高。

自主彙整成圖解、將重點整理成圖形的「積極學習」狀態，稱作「主動學習」。根據數十年的實證資料顯示，「高效學習法包含了主動學習的要素」。加拿大滑鐵盧大學的研究也證實「將記憶對象畫成圖，能夠幫助記憶」。你要經常畫圖解或圖形，提高「猛抄學習法」的品質。

從今以後，你的學習肯定會徹底革新。

國家圖書館出版品預行編目資料

學習，即刻上癮！：連不愛讀書的人也欲罷不能，考試、證照成績UP UP／海外塾講師Hira 著；陳聖怡 譯. -- 初版
-- 臺北市：如何出版社有限公司，2024.7
208 面；14.8×20.8公分 --（Happy Learning；214）
ISBN 978-986-136-699-9（平裝）

1.CST：學習方法　2.CST：學習心理學

521.1　　113007213

Eurasian Publishing Group
圓神出版事業機構
如何出版社 Solutions Publishing

www.booklife.com.tw　　reader@mail.eurasian.com.tw

Happy Learning 214

學習，即刻上癮！：連不愛讀書的人也欲罷不能，考試、證照成績UP UP
勉強嫌いでもドハマりする勉強麻薬

作　　者／海外塾講師Hira（海外塾講師ヒラ）
譯　　者／陳聖怡
發 行 人／簡志忠
出 版 者／如何出版社有限公司
地　　址／臺北市南京東路四段50號6樓之1
電　　話／（02）2579-6600・2579-8800・2570-3939
傳　　真／（02）2579-0338・2577-3220・2570-3636
副 社 長／陳秋月
副總編輯／賴良珠
責任編輯／歐玫秀
校　　對／歐玫秀・張雅慧
美術編輯／林韋伶
行銷企畫／陳禹伶・朱智琳
印務統籌／劉鳳剛・高榮祥
監　　印／高榮祥
排　　版／杜易蓉
經 銷 商／叩應股份有限公司
郵撥帳號／18707239
法律顧問／圓神出版事業機構法律顧問　蕭雄淋律師
印　　刷／祥峰印刷廠
2024年7月 初版

BENKYOU GIRAI DEMO DOHAMARISURU BENKYOU MAYAKU
By Kaigai Jyuku Koushi Hira

Original Japanese language edition published by FOREST Publishing, Co.,Ltd.
Complex Chinese translation rights arranged with FOREST Publishing, Co.,Ltd.
through Lanka Creative Partners co., Ltd., Tokyo

定價350元　　ISBN 978-986-136-699-9